모빌리티와
영화

KB074035

이 저서는 2018년 대한민국 교육부와 한국연구재단의 지원을 받아 수행된 연구임 (NRF—
2018S1A6A3A03043497)

모빌리티와 영화

김희경 지음

애
리피

모빌리티인문학은 기차, 자동차, 비행기, 인터넷, 모바일 기기 등 모빌리티 테크놀로지의 발전에 따른 인간, 사물, 관계의 실재적·가상적 이동을 인간과 테크놀로지의 공-진화co-evolution라는 관점에서 사유하고, 모빌리티가 고도화됨에 따라 발생하는 현재와 미래의 문제들에 대한 해법을 인문학적 관점에서 제안함으로써 생명, 사유, 문화가 생동하는 인문-모빌리티 사회 형성에 기여하는 학문이다.

모빌리티는 기차, 자동차, 비행기, 인터넷, 모바일 기기 같은 모빌리티 테크놀로지에 기초한 사람, 사물, 정보의 이동과 이를 가능하게 하는 테크놀로지를 의미한다. 그리고 이에 수반하는 것으로서 공간(도시) 구성과 인구 배치의 변화, 노동과 자본의 변형, 권력 또는 통치성의 변용 등을 통칭하는 사회적 관계의 이동까지도 포함한다.

오늘날 모빌리티 테크놀로지는 인간, 사물, 관계의 이동에 시간적·공간적 제약을 거의 남겨두지 않을 정도로 발전해 왔다. 개별 국가와 지역을 연결하는 항공로와 무선 통신망의 구축은 사람, 물류, 데이터의 무제약적 이동 가능성을 증명하는 물질적 지표들이다. 특히 전 세계에 무료 인터넷을 보급하겠다는 구글Google의 프로젝트 룬Project Loon이 현실화되고 우주 유영과 화성 식민지 건설이 본격화될 경우 모빌리티는 지구라는 행성의 경계까지도 초월하게 될 것이다. 이 점에서 오늘날은 모빌리티 테크놀로지가 인간의 삶을 위한 단순한 조건이나 수단이 아닌 인간의 또 다른 본성이 된 시대, 즉 고-모빌리티high-mobilities 시대라고 말할 수 있다. 말하자면, 인간과 테크놀로지의 상호보완적·상호구성적 공-진화가 고도화된 시대인 것이다.

고-모빌리티 시대를 사유하기 위해서는 우선 과거 '영토'와 '정주' 중심 사유의 극복이 필요하다. 지난 시기 글로컬화, 탈중심화, 혼종화, 탈영토화, 액체화에 대한 주장은 글로벌과 로컬, 중심과 주변, 동질성과 이질성, 질서와 혼돈 같은 이분법에 기초한 영토주의 또는 정주주의 패러다임을 극복하려는 중요한 시도였다. 하지만 그 역시 모빌리티 테크놀로지의 의의를 적극적으로 사유하지 못했다는 점에서, 그와 동시에 모빌리티 테크놀로지를 단순한 수단으로 간주했다는 점에서 고-모빌리티 시대를 사유하는 데 한계를 지니고 있었다. 말하자면, 글로컬화, 탈중심화, 혼종화, 탈영토화, 액체화를 추동하는 실재적·물질적 행위자agency로서의 모빌리티 테크놀로지를 인문학적 사유의 대상으로서 충분히 고려하지 못했던 것이다. 게다가 첨단 웨어러블 기기에 의한 인간의 능력 향상과 인간과 기계의 경계 소멸을 추구하는 포스트-휴먼 프로젝트, 또한 사물 인터넷과 사이버 물리 시스템 같은 첨단 모빌리티 테크놀로지에 기초한 스마트 도시 건설은 오늘날 모빌리티 테크놀로지를 인간과 사회, 심지어는 자연의 본질적 요소로 만들고 있다. 이를 사유하기 위해서는 인문학 패러다임의 근본적 전환이 필요하다.

이에 건국대학교 모빌리티인문학 연구원은 '모빌리티' 개념으로 '영토'와 '정주'를 대체하는 동시에, 인간과 모빌리티 테크놀로지의 공-진화라는 관점에서 미래 세계를 설계할 사유 패러다임을 정립하려고 한다.

모빌리티 속 영화, 영화 속 모빌리티

현재 '모빌리티mobility'라는 용어는 주로 자동차 중심의 탈것 위주로 언급된다. 자동차가 사람을 어떤 곳에서 다른 곳으로 이동시키는 데 가장 중요한 수단이기 때문일 것이다. 특히 자율주행 자동차의 등장이 향후 우리 일상생활에 커다란 변화를 야기할 것으로 예측되므로, 이동 수단 중심의 모빌리티 논의가 활발한 것은 매우 자연스러운 일이다. 이러한 논의에서 '모빌리티'는 이동성에 집중한다.

그러나 모빌리티 사회와 모빌리티 패러다임 측면에서 접근해 보면 모빌리티는 탈것 이상의 의미를 내포하고 있다. 먼저 모빌리티의 어원은 '움직이다'라는 뜻의 'movere'와 '성질이나 상태'를 뜻하는 'ity'로 '움직이는 성질', '움직이는 상태'를 뜻한다. 여기서 움직이는 것에는 사람의 거리 간 이동 외에도 지위나 신분의 이동, 가상 세계에서의 이동, 물리 세계와 가상 세계의 이동, 심리적 이동, 목적 없이 떠도는 방랑, 그리고 전환이나 변환 등 다양한 의미가 포함된다.

이 책에서 모빌리티와 함께 다루는 영화movie 역시 '모빌리티'와 마찬가지로 '움직이다'라는 뜻의 어원을 갖고 있다. 어렵게 생각할 것 없이 영화와 그림의 차이를 보자. 그림은 움직이지 않는 정적인 이미지지만 영화는 화면에 나오는 등장인물들이 말하고, 행동하고, 어디론가 이동하는 움직임으로 만들어진 동적 영상이다. 모빌리티 개념으로 영화를 어떻게 볼 수 있으며 영화에서 모빌리티가 어떻게 표현되고 어떤 가치를 보여 주는지 알아보는 것은, 탈것 중심의 모빌리티 논의에서 벗어나 좀 더 큰 틀에서 모빌리티를 이해하는 기회를 제공할 것이다.

이 책은 영화의 발달 과정, 공연 및 상영 시설의 변화 과정과 함께 로드 무비와 디아스포라 영화를 통해 '모빌리티가 그리는 영화, 영화가 그리는 모빌리티'의 상호관계를 고찰해 본다.

1장 〈정적 이미지에서 동적 영상으로〉는 움직이는 영상이 출현하기 전 인류 최초의 그림에서 시작한다. 인도네시아·스페인·프랑스 등 여러 동굴에서 발견된 다수의 벽화에 등장하는 동물과 사람 그림에서 고대인들의 모빌리티 표현 흔적을 찾아볼 수 있다. 이후 도자기나 무덤에 그려진 연속적인 움직임을 표현한 그림들, 소마트로프thaumatrope와 시네마토그래프cinematograph에 이르기까지 영화 및 애니메이션, 즉 동적 영상을 표현하기 위한 모빌리티 기술과 기법의 발전을 통해 움직임에 대한 인간의 동경과 표현 욕망을 확인할 수 있다.

2장 〈정주 무비에서 로드 무비로〉에서는 길의 의미와 함께 로드 무비의 특성과 대표적인 영화를 분석한다. 로드 무비에서의 길은 물리적인 길뿐만 아니라 심리적·문화사회적 의미도 포함한다. 또한 로드 무비를 구성하는 전형적인 규칙이자 패턴을 공식formula, 관습convention, 도상icon으로 나누어 살펴본다.

3장 〈린 백 극장에서 린 포워드 OTT로〉에서는 고대국가의 야외 무대 공연에서부터 실내 극장, 멀티플렉스, 그리고 현재의 OTT 서비스로 이어지는 무대와 극장의 발달사를 짚어 보고, 극장의 의미와 사용자의 이용 행태의 변화, 그에 따른 수용자의 참여 형태의 특성을 파악해 본다.

4장 〈영화가 말하는 디아스포라 모빌리티〉에서는 디아스포라의 개념과 역사·유형을 정리하고, 5가지 유형에 해당하는 영화를 소개한다. 디아스포라 모빌리티 영화에 묘사된 디아스포라 특성을 통해, 강제 이주를 통한 이동과 대륙 간 연결, 식민지를 통한 수직적 교류의 양상을 들여다본다.

2020년 11월

김희경

정적 이미지에서
동적 영상으로

벽화, 동굴에서 동굴로

당연한 말 같지만, 영화는 인간이 출현하자마자 탄생한 예술 장르는 아니다. 당시에는 영화가 '탄생할 수 없었다'는 것이 올바른 표현일 것이다. 스토리는 차치하고라도 영화는 기술이 있어야 제작이 가능하다. 기술은커녕 문자도 없었던 시대에 움직이는 영상을 만든다는 것은 생각조차 할 수 없는 일이었을 것이다. 그렇다면 기본적으로 무언가를 표현하려는 욕구 혹은 욕망을 갖고 있는 인간은 어떻게 이를 실현했을까? 문자를 만들기 전 인간은 주변에 보이는 생명체나 사물을 자신들이 주로 생활하던 동굴이나 자연환경에 그림으로 표현했다.

최근까지 인류 최초의 그림은 스페인의 '알타미라 동굴벽화'(기원전 3만~2만 5천 년경)와 프랑스의 '라스코 동굴벽화'(기원전 1만 5천 년경)로 알려져 왔다. 그런데 2018년 남아프리카공화국 블롬보스 동굴Blombos Cave에서 7만 3천 년 전 호모 사피엔스가 석기 표면에 그린 그림이 발견되었다. 요즘 소셜 미디어에서 검색 기호로 사용되는 해시태그(#)처럼 붉은색 선들이 교차하는 모양이었다. 선 6개가 거의 나란히 그려져 있고, 다른 선 3개가 엇갈린 형태이다. 그런데 이것을 그림이라 볼 수 있

| 그림 1 | 남아프리카공화국 블롬보스 동굴에서 발견된 석기 그림.

을까? 학자들은 이것을 어떤 의미를 상징하는 기호로 판단했다.

　또한 같은 해인 2018년 인도네시아 보르네오섬 동부 칼리만 탄의 석회암 동굴 '루방 제리지 살레이Lubang Jeriji Saléh'에서는 5만 2천~2만 년 전에 그려진 동굴벽화가 발견됐다. 손바닥을 벽에 대고 입으로 염료를 뿜는 스텐실 방식으로 그린 손바닥 모양, 동남아시아 들소인 반텡banteng을 비롯한 여러 동물들의 그림도 있었다. 인도네시아 술라웨시섬 남부에 위치한 석회암 동굴 '리앙 불루 시퐁Leang Bulu'Sipong'에서도 4만 4천 년 전에 제작된 것으로 추정되는 벽화가 발견되었다. 가로 4.5미터 길이의 그림에는 두 마리의 멧돼지와 네 마리의 작은 물소(아노아), 창과 밧줄을 든 여덟 명의 사람이 그려져 있다. 학자들은 이 그림을 고대인들의 사냥 장면을 묘사한 것으로 추정했다. 벽화에 등장하는 사람들의 머리 부분이 새의 부리나 개의 주둥이와 비슷하거나 꼬리를 가진 경우도 있었는데, 이처럼 "인간과 동물의

| 그림 2 | 인도네시아 루방 제리지 살레이 동굴에서 발견된 손바닥 스텐실(왼쪽)과 동물 그림(오른쪽).

| 그림 3 | 인도네시아 리앙 불루 시퐁 동굴벽화.

형태가 결합된 수인獸人은 전 세계 여러 종교에서 신화나 역사를 전해 주는 신이나 정령, 조상으로 인식된다"[1]고 한다.

최근 이루어진 일련의 발견으로 인류 최초의 벽화이자 그림이 탄생한 곳이 유럽이 아닌 아프리카와 아시아로 밝혀졌지만, 앞으로 또 어떤 대륙과 국가에서 더 오래된 벽화가 발견될지 알 수 없기 때문에 '최초'라는 규정은 추정에 머무를 수밖에 없다. 다만 여기서 몇 가지 연구 주제를 찾아볼 수 있다.

고대인들이 대륙을 이동하면서 벽화를 그렸을 수도 있다는 가정 하에, 그렇다면 그들은 어떻게 이동했는지, 서로 다른 종족이 이질적인 문화를 어떻게 전승했는지, 혹은 어떻게 상호 영향을 주고받았는지[2] 등을 각 대륙의 동굴벽화 분석을 통해 추정할 수 있을 것이다. 이처럼 동굴벽화는 고대 인류의 물리적 이동 경로의 발자취로서 의미를 가질 수 있다.

벽화, 최초의 만화이자 애니메이션

수많은 동물과 사람의 모습이나 행동을 묘사한 동굴벽화를 만화의 기원이자 애니메이션의 시초로 보는 견해도 있다. 문자가 없던 시대에 고대인들은 자신이 본 것을 그대로 따라 그림으로써, 무언가 표현하고자 하는 욕구를 해소할 수 있었다. 이러한 벽화는 고대인들이 당대인이나 후대인에게 전하는 어떤 메시지로 볼 수 있다.

만화나 웹툰webtoon의 기본 형식은 그림과 글자로 구성되어 있다. 선사시대 벽화는 글자 없이 그림으로만 표현되어 있고 지금의 만화책이나 웹툰처럼 칸이나 일정한 공백으로 구성되어 있지는 않지만, 그림으로 메시지를 전달하고 있다는 점에서 현대 만화나 회화의 기원으로 여겨지는 것이다.

스페인 알타미라 동굴벽화에는 다리가 (네 개가 아니라) 여덟 개가 달려 있는 멧돼지 그림이 있다. 이 멧돼지 그림의 제작 방식에 대하여 한 번에 여덟 개의 다리를 그렸다는 주장과 시간이 흐른 뒤 다리를 추가해 가는 레이어드 기법이 사용되었다는 등 의견이 분분하지만, 이 그림이 생명력ㆍ

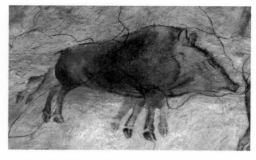

| 그림 4 | 알타미라 동굴벽화의 다리가 여덟 개 달린 멧돼지.

움직임·이동·역동성 등을 표현하고자 하는 고대인의 모빌리티 욕망을 보여 주는 것이라는 데에는 대체로 동의한다. 또한 이 멧돼지 그림은 움직이는 그림인 애니메이션의 기원으로 여겨진다.

딤스 테일러Deems Taylor는 《이미지로 보는 영화사A Pictorial History of the Movies》(1943)에서 이 동굴벽화에 대해 다음과 같이 서술했다.

> 달리는 멧돼지의 이 그림은 흔히 볼 수 있는 것으로 여겨질 수 있다. 모든 영화들의 조상들. 영화를 시작하기 위한 영화. 그것은 약 2만 5천 년 전, 스페인 알타미라의 동굴 벽면에 있는 익명의 예술가에 의해 그려졌다. 그가 누구였든 이 고대의 디즈니는 움직임을 분석할 수 있었고, 그것을 2차원의 관점에서 전달하기 위해 용감하게 시도할 수 있었다.[3]

일본의 애니메이션 연구서도 알타미라 동굴벽화의 멧돼지 그림뿐만 아니라 다양한 동굴벽화의 그림들을 애니메이션의 기원이라고 보고 있다. 이마무라 다이헤이今村太平는 《만화영화론》(1941)에서 다음과 같이 기술했다.

> 어린이와 똑같이 거의 모든 어른들이 만화영화를 무조건 좋아하는 것은, 그 심저에 그림이 움직였으면 하는 근원적

인 호기심이 있기 때문임에 틀림없다. 거기에는 인류가 오랫동안 바라던 것, 본래 움직이지 않는 것을 움직이게 하려는 욕망의 충족이 있다. 그것은 알타미라의 동굴에서 태고의 인간이 질주하는 들소를 그렸을 때 이미 가지고 있었던 바람인 것이다.[4]

벽화, 고대인의 기록, 취미 그리고 샤머니즘

수렵과 채집 활동으로 식량을 구했던 고대인들은 해가 뜨면 동굴 밖으로 나가 열매를 따거나 사냥을 하고, 해가 지면 다시 동굴로 돌아오는 생활을 반복했다. 고대인에게 동굴은 지금의 아파트나 단독주택과 같은 집이었고, 밖은 일터였다. 현대인들이 매일 집에서 학교 또는 일터로 갔다가 돌아오는 것처럼. 동굴과 들판과 산은 그들 생활의 주요 거점으로서 하나의 노드node가 되었다. 동굴 안에서 숙식, 휴식, 취미 활동을 하고 동굴 밖에서는 생계를 위한 활동을 했다.

　고대인들이 거주지인 동굴 벽과 천장에 다양한 동물과 사람의 모습을 그린 것은, 그들이 밖에서 이동하면서 본 광경을 기억하기 위한 기록 행위였다. 사람의 움직임이나 동물의 움직임은 찰나다. 현대에는 카메라가 있어서 찰나를 포착할 수 있지만, 사람의 눈으로는 절대 한순간 한순간 모두를 포착할 수 없다. 고대인들이 동굴 밖에서 본 식량(동물)들의 거대하고 역동적인 움직임, 다른 이들이 사냥하는 모습 등은 때때로 생계 이상의 의미를 갖는 멋진 행위로 보였을 것이다. 우리가 사진을 자주 찍는 것은 정체하지 않는 순간을 잡고 싶어서다. 흔히 '남는 것은 사진밖에 없다'고 하는데, 이때 '남는 것'이라는 표현을 쓰는 이유는 우리의 일상이 남지 않기 때문이다. 동굴벽화에 동물과 사람의 이동과 움직임이 그토록 많이 등장하는 것도, 고대인들이 그 모빌리티를 포착하여 남기고 간직하고 싶어했기 때문이다.

한편, 여러 대륙의 동굴에서 발견된 벽화들은 사용된 염료가 다양하고 그 기법도 동일하지 않다. 이는 벽화가 기록 이상의 의미, 곧 생존을 위한 활동을 넘어 취미 활동의 결과물이었음을 의미한다. 고대인들 역시 현대인들과 마찬가지로 생활 활동과 취미 활동 사이를 오갔던 것이다. 단, 현대인들은 즐길 거리가 넘쳐나 다양한 취미 활동을 할 수 있는 반면, 고대인들은 여러 제약으로 인해 서식지의 환경을 이용하는 것이 최선이었을 것이다. 깜깜한 동굴에서 벽화를 그리려면 동굴로 들어오는 자연 조명, 곧 햇빛을 최대한 이용해야 했다. 고대인들은 시간대별로 달라지는 햇빛의 모빌리티성과 천장과 벽의 울퉁불퉁함을 조화시켜 입체감 있는 벽화를 그렸다.

그렇게 남겨진 벽화에 등장하는 인물은 대개 샤먼shaman으로 추정된다. 선사시대의 중심 의례는 하늘로의 상승과 땅으로

| 그림 5 | 라스코 동굴벽화에 등장하는 인물들. 샤먼으로 추정된다.

의 하강으로 이루어지는데, 이를 연결하는 것이 바로 샤먼이다. 프랑스 라스코 동굴벽화에 그려진 인물의 몸이 길게 묘사된 것은 자신의 몸을 사다리로 사용하여 하늘과 땅을 연결하려는 시도로 보인다. 샤먼이 주술 행위를 통해 엑스터시 상태가 될 때 그 영혼이 육체를 이탈해 하늘로 올라가거나 지하로 내려간다고 믿었기 때문이다. 수렵시대에 사냥에 성공하려면 단순히 힘만 세다고 되는 것이 아니라 신성한 존재에게 지혜를 전수받아야 한다고 여겼고, 이를 수행하는 자가 샤먼이었던 것이다. 이는 고대 인간이 수렵을 통한 생활인에서 신성함을 얻고자 하는 종교인으로 변화해 갔음을 보여 준다.

애니메이션, 움직임을 위한 본격적 시도

벽화에 등장하는 수많은 동물과 고대인의 모습은 정적인 이미지지만, 동굴이라는 자연을 그대로 이용하여 입체감 있게 묘사되었다. 입체감은 공간감을 부여하고 그림에 생동감을 불어 넣는다. 동물들이 달리는 모습, 동물을 사냥하는 모습 등을 묘사한 동굴벽화를 통해 우리는 글이 없던 시대 고대인들의 움직임에 대한 욕망을 읽어 낼 수 있다.

움직임에 대한 호기심은 다른 고대 인류문화유산에서도 찾아볼 수 있다. 이란의 샤흐레 수흐테Shahr-e Sukhteh[5]에서 발견된 기원전 2천 년경 도기에 새겨진 문양을 보면, 염소가 나무 쪽으로

| 그림 6 | 샤흐레 수흐테에서 발견된 도기.

가서 나무에 올라간 다음 잎을 먹고 내려오는 다섯 장의 그림이 그려져 있다. 마치 현대의 필름에 현상된 연속 사진처럼 연속된 동작을 표현하고 있다. 뿐만 아니라 약 4천 년 전 이집트 무덤에 그려진 레슬링 장면 또한 하나의 애니메이션 시퀀스를 보는 듯하다.

이처럼 동적 움직임을 재현하려는 시

◆ 샤흐레 수흐테(페르시아어 شهر سوخته, Shahr-e Sūkhté 또는 Shahr-e Sukhteh) 또는 샤흐레 쇼흐타Shahr-i Shōkhta는 지로프트 문화Jiroft culture와 관련이 있는 청동기 시대 도시의 유적이다.

| 그림 7 | 샤흐레 수흐테 도기에 새겨진 그림(위), 고대 이집트의 레슬링 장면(아래)

도는 훗날 애니메이션으로 구현된다. 먼저 애니메이션의 개념을 살펴보자. 애니메이션의 어원인 애니메이트animate, 애니메이티드animated, 애니메이터animator 등은 '생명을 부여하다'라는 뜻의 라틴어 애니마animare에서 유래했다.[6] 〈온라인 어원 사전Online Etymology Dictionary〉에 따르면 1590년대에 라틴어 'Animationem'이 '생명을 부여하는 행동', '숨을 쉰다', '영혼'의 의미로 사용되었고, 1610년대에는 '삶의 숨결', '활력', '활동' 또는 '삶의 모습'의 의미로 사용되었으며, 지금과 같은 '움직이는 만화 그림'을 뜻하는 단어로 사용된 것은 1912년부터이다.[7]

움직이는 그림 혹은 움직이는 이미지에 대한 인간의 호기심은 오래전부터 있어 왔다. 아리스토텔레스Aristoteles는 불붙은 나뭇가지를 돌릴 때 어떤 순간에는 한 지점에 머물 수밖에 없는데 어떻게 그 불이 연속된 원을 이루는지 의문을 제기했고, 프톨레마이오스Ptolemaeus도 야경꾼들이 호롱불을 천천히 흔들 때는 불꽃이 여러 개, 빨리 흔들 때는 불꽃이 원을 이루는 것처럼 보이는 것에 관심을 가졌다. 이와 관련해 레오나르도 다 빈치Leonardo da Vinci는 밝은 빛을 보고 나서 고개를 다른 데로 돌리면 계속 그 빛을 보고 있는 듯하다고 했다. 이러한 현상을 잔상persistence of vision 효과라고 한다. 잔상은 눈을 통해 들어온 상이 짧은 시간 동안 뇌에 남아 있는 현상이다. 잔상을 경험하는 이유는, 사람이 물체를 볼 때 이를 뇌에서 감지하는 데 0.03초의 시간이 걸리기 때문이다. 그보다 더 짧은 시간에 연속적으로 그림을 보면 마치 그림이 움직이는 것처럼 보이는 것이다.

잔상 효과의 대표적인 것이 바로 애니메이션이다. 애니메이션은 우리 눈에는 움직이는 것처럼 보이지만 실제로는 여러 장의 정지화면을 모아 짧은 간격(1초에 24장)으로 보여 주는 것이다. 눈에 빛의 자극을 주었을 때 자극을 제거하더라도 한동안 빛의 자극이 있는 것처럼 느끼게 되는데, 세기에 따라 다르지만 사람의 경우 이 효과는 0.1초 정도 계속된다.

이 원리를 이용하여 애니메이션을 구현할 수 있는 여러 기법이 등장했다. 1825년 영국의 물리학자이자 의사인 존 A. 패리스John Ayrton Paris와 아일랜드 출신의 지질학자이자 물리학자인 윌리엄 H. 피톤William Henry Fitton이 잔상 효과를 이용한 최초의 시각 완구 '소마트로프thaumatrope'를 만들었다. 소마트로프는 그리스어로 '경이의 원판wonder disc'이란 뜻으로, 양면에 서로 연관된 다른 그림을 그려 넣고 원판을 앞뒤 혹은 좌우로 빠르게 회전시키면 두 개의 이미지가 하나의 이미지로 겹쳐 보이는 원리다.[8]

소마트로프로 구현한 대표적인 예가 새와 새장 그림이다. 한쪽 면에는 새, 다른 쪽 면에는 새장 그림이 각각 따로 그려져 있지만 원판을 빠른 속도로 회전시키면 반대 쪽에 그려진 새가 새장 안에 들어간 것처럼 보인다. 이것은 엄밀히 말하면 움직임이 아니라 '움직이는 것과 같은', 즉 '움직임의 환상'을 만들어 낸 것으로 가상적 움직임이라고 할 수 있지만, 소마트로프는 간단한 기법을 활용해 움직임을 표현하려 한 최초의 동영상이라고 할 수 있다.

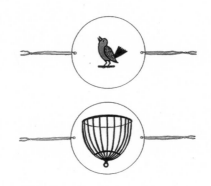

| 그림 8 | 소마트로프.

움직임을 표현하려는 호기심과 시도는 계속 이어졌다. 소마트로프에 이어 1832년 벨기에의 조제프 플라토Joseph Plateau가 발명한 것이 '페나키스토스코프phenakistoscope'다. 이 기구는 원판 주위에 일정한 간격으로 여러 단계의 움직이는 모습을 그려 넣고 이를 회전시켜 하나의 움직이는 형상으로 보이도록 고안되었다. 1832년 12월에 제작된 첫 번째 원판은 가장자리에 16개의 직사각형 틈새를 뚫고 각 칸에 연속되는 무용수의 동작 이미지

| 그림 9 | 페나키스토스코프.

를 약간씩 차이 나게 그려(8개의 동작이 2회 반복되는 형태), 맞은
편 거울을 향해 회전시키며 틈새를 통해 거울에 비추어진 이미
지를 바라보는 형태였다. 그렇게 보면 무용수가 양팔과 한쪽 다
리를 들었다 내렸다 하는 동작이 연결되어 마치 움직이는 이미
지처럼 보였다.[9] 소마트로프가 단 두 컷의 그림으로만 움직이는
이미지를 표현한 반면, 페나키스티스코프는 16개의 컷으로 더
정교한 움직임을 구현했다.

　같은 시기 오스트리아의 슈탐퍼Simon von Stampfer도 플라토와
유사한 실험을 했다. 원판 가장자리에 약간씩 차이 나는 10개의
동작 이미지들을 그려 넣고, 그림 바로 위에 얇은 틈새를 뚫고
거울 앞에서 회전시켰다. 그는 이어서 거울 없이 두 개의 원판
을 축으로 연결하는 방법도 시도했다. 앞쪽에는 가장자리에 틈

새가 있는 검은 원판을 배치하고 뒤쪽에는 흰 바탕에 동작 이미
지들이 그려진 원판을 배치한 다음, 뒤쪽의 이미지 원판을 회전
시키며 앞쪽 원판의 틈새 사이로 뒤 원판의 이미지들을 관찰하
는 방법이었다. 원판이 역회전될 때 틈새를 통해 보이는 이미지
들이 연속적인 동작의 모습으로 나타났다. 약간씩 차이 나는 이
미지들이 '행위의 연속적인
단계'로 보인 것이다. 슈탐퍼
는 이것을 '스트로보스코프
stroboscope'라고 불렀다. 선행
이미지와 후행 이미지의 차
이, 보이는 것과 사라지는 것
사이의 차이로 인해 움직임
이 발생하는 원리였다.[10]

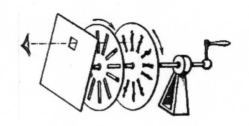

| 그림 10 | **스트로보스코프**.

　페나키스토스코프와 스트로보스코프는 시각 완구로 제작되
기도 하고, 연구 과정과 결과가 책으로도 출판되어 유럽에서 제
법 알려졌다. 이는 당시 연구자들뿐만 아니라 일반 사람들도 움
직이는 이미지에 대한 관심이 컸다는 것을 보여 준다.

　1834년에는 영국의 조지 호너William George Horner가 '조이트로
프zoetrope'를 만들었다. 그리스어로 조이트로프는 '인생의 회전
wheel of life'이라는 뜻이다. 조이트로프는 페나키스토스코프와
스트로보스코프를 원통형으로 변형한 형태다. 원통 내벽에 동
일한 간격으로 틈새를 만들고 그 밑에 11~13개의 약간씩 다른

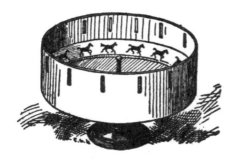

| 그림 11 | 조이트로프.

동작 이미지들이 그려진 띠를 부착한 다음 원통을 회전시키고 원통의 틈새를 통해 내부를 들여다보면 동작 이미지들이 이어진 것처럼 보인다. 조이트로프는 거울 없이 원통을 돌림으로써 움직이는 이미지를 볼 수 있다는 점에서, 페나키스토스코프나 스트로보스코프보다 진일보한 형태였다. 또한 그림 띠를 교체할 수 있어서 연속되는 이미지만 그려 넣으면 다양한 움직이는 이미지를 볼 수 있다는 점에서 영화 제작에 한 발 더 다가갔다고 할 수 있다.

조이트로프 이후 좀 더 직관적으로 움직임을 표현하려는 시도는 '플립 북flip book'으로 나타났다. 가장 오래된 플립 북은

| 그림 12 | 플립 북.

1868년 리넷John Barnes Linnet이 특허를 받은 '키네오 그래프'이다. 원형에서 움직임을 표현했던 조이트로프와 달리, 플립 북은 선형 시퀀스를 사용한 최초의 애니메이션 형식이었다. 1470년경과 1800년대 중반에도 비교적 간단한 형태의 플립 북 제작이 이루어졌다고 하는데, 결정적인 증거가 발견되지 않아 리넷의 '키네오 그래프'가 최초의 플립 북인 것으로 추정된다.

이후 독일의 영화 개척자 막스 스클라다노보스키Max Skladanowsky가 1894년에 연재 사진 이미지를 플립 북 형태로 처음 선보였고, 같은 해 캐슬Hermann Castle이 무토스코프mutoscope라는 기계화된 플립 북을 발명했다. 페이지를 책에 묶지 않고 중앙 회전 실린더에 장착하여 움직이는 이미지를 보여 주는 방식이었는데, 20세기 중반까지 유원지에서 동전으로 작동하는 기계

| 그림 13 | 무토스코프.

| 그림 14 | 프락시노스코프.

로 인기를 끌었다.[11]

움직임을 구현하려는 시도는 이후에도 계속되었다. 1877년 프랑스의 과학자 레이노 Charles-Émile Reynaud는 페나키스토스코프, 스트로보스코프, 조이트로프의 원리를 모두 결합한 프락시노스코프praxinoscope를 개발했다. 이것은 동심원 형태의 원기둥을 가운데에 두고, 안쪽 동심원에는 거울을 두르고 바깥쪽 동심원에는 그림 띠를 두르는 방식으로 제작되었다. 원기둥을 회전시키고 거울을 바라보면 거울에 반사된 그림 띠가 움직이는 것처럼 보인다.

프락시노스코프를 더욱 발전시킨 레이노는 여기에 영사 기능을 추가했다. 벽에 이미지를 투사하여 지금의 영화관처럼 다수가 영상을 관람할 수 있게 한 것이다. 이것을 투영식 프락시노스코프projection-praxinoscope라고 불렀다. 원통 속에 있는 움직이는 띠 그림에 기름 램프를 비추면 거울에 반사된 이미지들이 렌즈를 통해 확대되어 스크린에 영사되었다. 투영식 프락시노스코프은 야외 벽뿐만 아니라 박물관에서도 상영되었다. 이것은 애니메이션 및 영화 발전에도 크게 이바지했을 뿐만 아니라, 사람들의 호기심을 자극해 여가 활동을 위해 집에서 나와 밖으로 이동하도록 이끌어 냈다는 점에서도 의미가 크다. 기술의 발

| 그림 15 | 투영식 프락시노스코프.

전은 무언가를 단순히 보고 즐기는 방식의 변화를 이끌 뿐 아니
라 사람들의 움직임, 즉 이동 행태에도 변화를 가져온다.

지금까지 그림을 그려서 움직이는 이미지를 만들었다면, 이
제 한 걸음 더 나아가 실제 움직임을 정확하게 포착하려는 시
도가 이루어진다. 영화사에 한 획을 그은 에드워드 머이브리지
Eadweard Muybridge의 주프락시스코프zoopraxiscope가 그것이다. 주
프락시스코프는 최초로 사람과 동물의 움직임을 연속 사진으
로 촬영한 것이다. 머이브리지가 주프락시스코프를 개발한 계
기는, 말이 속보와 습보로 달릴 때 네 발굽이 모두 땅에서 떨어
지는 순간이 있는지에 대한 사람들의 호기심에서 비롯되었다.
사람의 눈으로는 이 질문의 답을 찾을 수 없어 경마 애호가였던
릴런드 스탠퍼드Leland Stanford(스탠퍼드대학교의 설립자)가 에드

워드 머이브리지를 고용해 그 답을 찾아 달라고 요청했다.

사진 촬영 능력이 탁월했던 머이브리지는 1878년 경주 트랙을 따라 12대 또는 24대의 카메라를 1피트 간격으로 배치한 다음, 말이 지나갈 때마다 순차적으로 촬영하여 말이 달리는 모습을 완벽하게 포착했다. 머이브리지가 촬영한 속보로 달리는 말의 모습을 담은 12컷의 사진은 주프락시스코프를 발명하는 계기가 되었다.

주프락시스코프는 둥글고 납작한 유리판 가장자리에 연속 촬영된 동물의 모습을 붙인 뒤 회전시켜 실제 움직임을 생생하게 보여 주는 장치로, 이후 말 외에도 사람이나 다른 동물, 그리고 새의 움직임까지 촬영하여 보여 줌으로써 사람들을 놀라게 했다. 주프락시스코프의 또 다른 가치는 움직임의 시작과 끝뿐만 아니라 그 사이에 있는 움직임까지 포착하여 동물이나 인간의 움직임의 디테일한 단계를 파악할 수 있게 되었다는 것이다.

| 그림 16 | 머이브리지가 촬영한 달리는 말의 모습(왼쪽)과 촬영방법을 묘사한 스케치(오른쪽).

에디슨Thomas Edison 역시 움직임을 표현하는 데 빠지지 않는 인물이다. 그는 조수 딕슨William A. Dickson과 함께 1891년 키네토스코프kinetoscope를 발명했다. 키네토스코프는 틈이 난 구멍으로 들여다보면 한 줄의 필름이 렌즈와 전구 사이에서 빠르게 지나가도록 되어 있다. 구멍 뒤편에 좁다란 홈이 난 물레 같은 기구가 있어서 카메라의 셔터 역할을 했는데, 1초에 셔터 앞으로 46프레임이 지나가면서 순간적인 영상을 구성하여 사람과 사물이 살아 움직이는 것처럼 재현되었다. 사실 처음에 키네토스코프는 장난감에 지나지 않았으나, 1894년 뉴욕 브로드웨이에서 대중 앞에 공개되면서 큰 인기를 얻게 되었다. 키네토스코프는 영화 필름 영사기의 전신이라고 할 수 있다.

에디슨은 1895년 기존의 키네토스코프를 개조해서 영상과 함

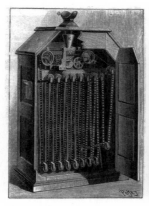

| 그림 17 | 키네토스코프.

| 그림 18 | 키네토폰.

께 사운드까지 들려주는 장치인 키네토폰kinetophone도 만들었다. 하지만 초기 영사기여서 화면과 영상이 맞지 않는 경우가 다반사였다고 한다. 또한 에디슨은 1890년부터 발명에 필요한 시험용 영화를 제작하기 시작해 뤼미에르 형제의 시사회가 열리기 전년인 1894년까지 이미 80여 편의 영화를 제작하였다.

1895년에는 유명한 뤼미에르 형제 Auguste and Louis Lumière에 의해 드디어 최초의 영화 상영이 이루어진다. 뤼미에르 형제는 시네마토그래프cinematograph를 발명하여 영화 제작 발전에 크게 이바지했을 뿐만 아니라, 영화사의 첫 페이지를 장식하는 영예를 얻었다. 뤼미에르 형제가 만든 시네마토그래프의 원리는 부분적으로 에디슨의 키네토스코프와 레이노의 '시각극장thetre optique'에 기초를 두고 있다. 뤼미에르 형제는 에디슨의 키네토스코프에서 톱니로 필름을 감는 원리를 빌려 왔으며, 레이노의 발명품에서 화면에 필름의 연속적인 프레임을 영사하는 방법을 원용했다. 이 장비는 카메라 기능과 함께 필름을 인화하는 데도 사용되었다.

뤼미에르 형제는 에디슨이 사용하던 초당 46프레임의 필름 노출 비율을 지금도 사용되고 있는 초당 16프레임으로 낮췄다.

1895년 12월 28일 파리의 카푸신 거리에 있는 그랑 카페에서 최초 공개 시범이 열린 뒤 시네마토그래프는 수개월 안에 유럽과 미국의 전역에서 사용되었다.[12]

동굴벽화부터 뤼미에르 형제의 영화 장비에 이르기까지 인간은 자신이 움직이는 모습, 동물이나 타인의 이동 및 활동 모습을 그림으로 표현하는 것에서 시작하여 그 움직임을 구현할 수 있는 다양한 실험과 기술을 발명하여 오늘날 애니메이션과 영화라는 콘텐츠를 만들어 냈다. 움직임에 대한 기대와 표현하고자 하는 욕망이 없었다면, 인류는 계속 정지 이미지 속에서만 살았을 것이며 인간의 행동 반경도 확장되지 못했을 것이다. 무언가를 그리는 것에서 촬영하는 것으로 기술 및 기법의 발달과 이동은, 인간이 향유할 수 있는 대상의 양과 질을 향상시켰다.

2장

정주 무비에서
로드 무비로

둘 이상의 캐릭터가 등장하고, 이들이 어떤 목적을 가지고 길을 떠나는 내용으로 구성된 로드 무비road movie는 (이견이 있기는 하지만) 하나의 장르로 인식될 정도로 독자적인 영역을 확보하고 있다. 로드 무비를 모빌리티 개념으로 이해해 보자.

길의 의미

길의 사전적 의미는 '차나 우마 및 사람 등이 한 곳에서 다른 곳으로 오갈 수 있게 만들어진 거의 일정한 너비로 뻗은 땅 위의 선'이다. 서양에서 '이동'을 뜻하는 단어는 산스크리트어의 'Vahana'와 라틴어의 'Vehiculum'에서 유래하였으며, 영어의 'road'는 라틴어의 'rad'(말 타고 여행하다)에서, 'path'는 'pad'(발로 다져진 길)에서 유래하였다. '로드road'라는 단어에 이미 이동이나 여행의 의미가 내포되어 있는 것이다. 우리나라 〈도로법〉에 따르면 길은 '일반의 교통에 공용되는 도로'로서 구체적으로는 고속도로, 일반국도, 특별시도, 광역시도, 지방도, 시도, 군도, 구도를 지칭한다. 이외에 '터널, 교량, 도선장渡船場 등 도로와 일체가 되어 도로의 효용을 다하게 하는 시설이나 그 공작물까지를 포함한다'고 규정하고 있다.[1]

물리적인 길은 처음에 육로만 지칭했다가 교통기관의 발달에 따라서 배가 지나는 뱃길, 기차가 다니는 철길, 비행기가 다니는 하늘길까지 그 범위가 확대되었다. 따라서 로드 무비의 '로드'에는 육로 외에 해로海路, 공로空路까지도 포함된다.

이처럼 길은 물리적인 이동 수단을 의미하지만, 방도方途나 행위의 규범을 뜻하기도 한다. 교통수단으로서의 길에서 의미가 분화되어 어떤 일에 취해야 할 수단이나 방법을 뜻하는 방도라는 개념이 파생되었다. '무슨 길이 없을까?', '손쓸 길이 없다' 등의 표현에서 사용되는 길의 의미는, 교통수단의 길이 교통 이외의 의미로 확대된 것이다.[2] 마찬가지로 로드 무비도 표면상으로는 길을 떠나 이곳저곳 옮겨 다니는 주인공과 그 길에서 만나는 사람들의 이야기를 보여 주지만 그 이면에 방황, 의미 찾기, 목표 달성, 복수, 현실 도피(회피), 치유 등의 내재적 의미를 담고 있다.

또한 교통수단으로서의 길은 정신문화의 발달과 함께 특히 동양에서 철학적 의미가 부여되었다. 서양에서는 흔히 인생을 한 편의 연극과 같다고 보고 세상은 무대로, 사람은 배우로 비유하는 데 반해, 동양에서는 인생을 곧잘 여행에 비유한다. 이때 세상은 여관, 사람은 나그네, 인생살이는 길을 가는 여정이 된다.[3] 길의 의미가 사전적 의미에서 문화적 의미로 확장된 것이다.

그렇다면 길이라는 단어는 언제부터 쓰였을까? 본디 길은 인류의 생존사와 함께 생성·발전한 것이므로 길이라는 단어도 민족사의 시작과 함께 발생한 원초적 어휘의 하나였을 것이다. 길이란 인간의 의식衣食과 주거 사이를 연결하는 공간적 선형이라 할 수 있다. 원시인들이 의식의 재료인 새·짐승·과일·채

소·물고기·조개 따위를 주거지인 동굴이나 움막으로 운반하기 위해 반복 통행하면서 생긴 발자취가 길의 원초적 형태였다면, 그들이 생활하면서 가장 많이 반복 통행한 곳은 식수원食水源과의 통로였을 것으로 추측된다.

이처럼 인류의 의식주와 함께 생성·발달해 온 길이 역사적 기록에 처음 등장한 것은, 아프리카 알제리 영내의 사하라 사막에서 발견된 타시리 나젤Tassili n'Ajjer(아랍어طاسيلي ناجر, 베르베르어Tasili n Ajjer) 암벽화(기원전 45~15세기경) 중 '소의 시대Cattle Period'에 소를 타고 여행하는 그림과 배의 그림이라 하니, 길의 역사가 얼마나 오래되었는지 알 수 있다.

| 그림 19 | 타시리 나젤의 벽화.

길 위의 영화, 로드 무비

앞서 말했듯, 로드 무비는 길 위의 사람들의 이야기를 다루는 영화다. 보통 주인공들이 길을 따라 이동하면서 사건이 전개되는 영화를 로드 무비라고 부른다. 하지만 영화이론에서 로드 무비에 대한 명확한 정의는 내려져 있지 못하다. 로드 무비를 하나의 장르로 보는 견해도 있고, 그렇지 않은 경우도 있다. 로드 무비에 대한 다양한 견해를 살펴보자.

영화평론가 김종원은 로드 무비를 '로드 시네마'로 칭하면서 '길을 중심으로 전개되는 영화'라고 간단히 정의했다.[4] 영화평론가 정재형은 '길을 통해 유독 이야기가 전개되는 영화를 흔히 로드 무비라고 부른다'[5]고 했다.[6] 이충직은 '로드 무비란 과거와 미래가 존재하지 않는 절대적 소외 속에 정착하려고 하나 정착할 곳 없는 뿌리 뽑힌 상태에서 헤매는 부유하는 인물들의 여정을 그린 영화'[7]라고 했고, 김영재는 '로드 무비는 길의 의미에 주목하는 영화'라고 했다. 이상우는 '로드 무비란 어디론가 떠나는 등장인물들이 길 위에서 겪게 되는 다양한 이야기를 다루는 영화'라고 규정하고 그 특징을 다음과 같이 정리했다.

이런 유형의 작품들은 주로 장소의 이동을 따라 서사가 전개되며, 때문에 여행이나 도주 등이 이야기의 중심 플롯으로 흔히 사용된다. 로드 무비의 주인공들은 모두 다양한 이유로 여행을 떠난다. 그리고 그 과정에서 누군가를 만나 무언가를 깨닫고 변화를 경험하게 된다. 로드 무비의 기원은 과거 60~70년대 뉴웨이브 시절의 영화들로 거슬러 올라간다. 이 무렵 몇몇 작품들은 길의 서사를 적극적으로 활용했다. 당시 로드 무비는 대체로 시대 분위기와 관련이 있는데 기성세대가 정해 놓은 틀 속에서 방황하는 젊은 청년들이 새 삶을 찾아가는 과정을 길의 은유를 사용한 것이다. 이후 로드 무비는 하나의 장르로서 끊임없이 재생산되었으며, 90년대 리들리 스콧Ridley Scott의 〈델마와 루이스Thelma & Louise〉(1991), 토마스 얀Thomas Jahn의 〈노킹 온 해븐스 도어 Knockin' On Heaven's Door〉(1997) 등이 큰 성공을 거두면서 로드 무비의 새 장을 열었다'[8]

이상우가 언급한 두 편의 영화와 함께 현대적인 로드 무비의 효시로 꼽히는 아서 펜Arthur Penn감독의 〈우리에게 내일은 없다 Bonnie and Clyde〉(1967)와 데니스 호퍼Denis Hopper감독의 〈이지 라이더Easy Rider〉(1969)를 살펴보자.

〈우리에게 내일은 없다〉는 실화를 바탕으로 각색한 영화로 1930년대 미국 대공황기에 은행 강도 커플 보니 파커Bonnie Parker와 클라이드 배로우Clyde Barrow의 처절한 사랑 이야기를 그리고 있다. 이 영화에서는 주인공 커플의 강도 행각에 이용되는 주요한 이동 수단으로서 자동차 모빌리티가 등장한다. 두 사람

| 그림 20 | 〈우리에게 내일은 없다〉의 주인공 보니와 클라이드.

은 자동차로 미주리주, 오클라호마주, 텍사스주를 옮겨 다니며 1년 9개월간 주유소, 시골 은행, 간이식당 등을 털고 12명을 살해한다.

이들의 범죄 행동은 단순 강도 행각으로 볼 수도 있지만, 이들이 장소를 이동하며 대공황기 서민의 착취 기관이었던 은행을 공격했다는 점에서 권위와 질서에 도전한 상징으로 인식되기도 했다. 당시 미국의 시대 상황과 맞물려 젊은이들은 공권력을 조롱하는 두 주인공의 내일 없는 화끈한 무한 질주에 열광했다. 심지어 1968년 자동차 회사인 폰티악은 아웃사이더Outsider라는 자동차 모델을 내세우면서 〈우리에게 내일은 없다〉를 흉내 낸 광고 캠페인을 벌이기도 했다.

〈이지 라이더〉는 장발의 두 젊은이 웨트Wyatt와 빌리Billy가 자유라는 미국적 가치를 찾아 미국 횡단 여행에 나서면서 시작된다. 웨트와 빌리는 서부 개척 시대에 반항이라도 하듯 거꾸로 서쪽에서 동쪽으로 향한다. 가진 것이라곤 달랑 오토바이 두 대뿐인 두 사람은 마약을 팔아 여비를 마련한다. 이들의 여행에 계획이란 없다. 여행길에서 이들은 목장 주인과 그의 가족, 히치하이커와 히피 공동체 사람들, 창녀와 남부의 백인 노동자 등 독특한 사람들을 만난다. 그중에서 가장 눈에 띄는 사람은 변호사인 조지 핸슨George Hanson이다. 주인공들처럼 정착을 싫어하고 자유롭길 원하는 핸슨은 두 사람의 여행에 기꺼이 합류한다. 자유를 실천에 옮기려 했던 웨트와 빌리에게 핸슨의 결합은 자신들의 행동을 이론으로 완성시켜 주는 이론가를 얻은 것과 같았다. 조지는 웨트와 빌리에게 사람들이 그들을 싫어하는 이유가 바로 그들이 누리는 자유 때문이라고 일러 준다. 자유를 찾아 나선 이들은 결국 살해당하고 만다. 〈이지 라이더〉는 전통 서부극에 대한 패러디이다. 부와 자유를 찾아 서부로 간 개척자들처럼, 이들은 말 대신 오토바이라는 모빌리티를 타고 서부에서 출발해 미국을 횡단한다.

〈이지 라이더〉에서 인상적인 장면은 웨트와 빌리가 오토바이를 타고 자연 속을 달리는 모습이다. 그들은 콜로라도강과 모뉴먼트 밸리, 타오스 푸에블로 등 미국 서부의 대표적인 아이콘을 지나친다. 광활한 전경 속에서 오토바이를 타고 질주하는 두 젊은이의 모습은 사회와 문명과 도시에서 벗어난 두 인물의 자

| 그림 21 | 〈이지 라이더〉에서 오토바이로 미국을 횡단하는 웨트와 빌리.

유를 형상화한다. 〈이지 라이더〉는 미국의 이상인 자유에 대한 의문을 제기한 영화로 평가받는다. 또한 이 영화는 자유를 찾아나선 젊은이들을 사회가 어떻게 바라보는가를 잘 보여 준다.[9]

〈델마와 루이스〉는 가부장적인 남편 때문에 자신의 목소리를 내지 못하는 가정주부 델마Thelma와 식당에서 웨이트리스로 일하는 루이스Luise가 반복되는 일상에서 벗어나기 위해 여행을 떠났다가 강간미수범을 살해하여 현행범으로 몰리면서 경찰에 쫓겨 달아나는 이야기이다. 자동차 모빌리티로 자유롭게 길을 달리던 두 사람의 평범하고 즐거웠던 여행은 순식간에 끝을 알 수 없는 도주가 되어 버리고, 마침내 두 사람은 벼랑 끝에 몰린다. 영화에서는 둘의 여정을 표현하기 위해 석양이 지는 가운데 외로이 달리는 자동차, 시골 풍경, 컨트리 음악 등 로드 무비의

| 그림 22 | 〈델마와 루이스〉에서 경찰에 쫓기는 두 주인공.

클리셰cliché를 따른다. 이 영화는 여러 가지 시사점이 있는데, 그중 하나를 꼽는다면 남성의 전유물이었던 로드 무비에 여성 주인공을 내세웠다는 것을 들 수 있다. 〈델마와 루이스〉는 여성 주의 로드 무비로서 두 여성 주인공이 길 위에서 부딪히는 수많은 편견과 어려움을 보여 준다. 그들이 길을 떠나기 전 일상에서 부딪혔던 문제들은 길을 떠나도 달라진 게 없다. 이는 두 여성이 일상 공간에서 겪었던 경험이 길에서도 계속 연장되고 있음을 뜻한다.

〈노킹 온 해븐스 도어〉는 시한부 선고를 받은 마틴Martin과 루디Rudi가 한 병실에 입원하여 친구가 되면서 벌어지는 사건을 담고 있다. 두 사람은 얼마 남지 않은 인생을 즐겁게 보내기로 한다. 한 번도 바다를 보지 못했다는 루디의 말에 마틴은 당장 바다로 가자고 제안한다. 두 사람은 병원을 떠나기 위해 차를 훔치는데, 하필이면 그 차가 폭력 조직의 조직원 행크와 압둘의 것이었고 차 트렁크에는 100만 마르크가 들어 있었다. 그 사실을 전혀 모른 채 두 사람은 유유히 바다를 향해서 떠난다.

환자복 차림으로 병원을 탈출한 두 사람은 옷을 사기 위해 은행을 털게 된다. 루디는 차를 훔치고 은행을 터는 등 자신들이 계속 잘못된 일을 하고 있다고 생각하지만, 마틴은 더 강력하게 얼마 남지 않은 생을 후회 없이 즐겨야 한다고 생각한다. 그 와중에 차와 돈을 뺏긴 행크와 압둘이 찾아오고, 동시에 은행을 턴 일로 인해 경찰에까지 쫓기는 신세가 된다. 한편, 뒤늦게 트렁크에 있는 100만 마르크를 발견한 두 사람은 당장 최고급 호텔로 가서 죽기 전에 꼭 해 보고 싶은 버킷리스트를 작성한다. 즐거운 시간을 보내던 이들은 경찰에 잡힐 뻔하지만, 마틴이 꾀를 내어 루디를 인질로 삼아 경찰을 따돌리고 도망가면서 버킷리스트를 실행에 옮긴다. 마틴은 엄마에게 캐딜락 자동차를 선물하고 루디는 2명의 여자와 하룻밤을 보낸다.

그러나 결국 압둘과 행크의 조직에게 잡혀 목적지인 바다에 가지 못할 위기에 처하게 되는데, 마틴이 솔직하게 조직의

| 그림 23 | 〈노킹 온 해븐스 도어〉에서 훔친 차로 길을 떠나는 루디와 마크.

보스에게 자신들의 상황과 100만 마르크를 어디에 사용했는지 말한다. 보스는 시간이 없으니 마지막 여행을 계속하라며 두 사람을 보내 준다. 덕분에 두 사람은 마지막 종착지였던 바다에 도착한다. 언제가 될지는 모르지만 죽음을 받아들이고 길을 떠난 그들에게 훔친 자동차 모빌리티와 길·바다 등의 노드는 자유를 준다.

앞에서 살펴본 로드 무비들은 모두 목적지나 목표 달성보다는 그들의 발길이 닿은 곳에서 만난 인물, 사건을 중심으로 하는 여정, 즉 과정에 집중한다. 이러한 로드 무비의 특징은 크게 서부영화Western와 필름 누아르film noir의 영향이라고 할 수 있다.

라이트Will Wright와 샤츠Thomas Schatz의 논의를 빌리자면, 서부영화는 미국 사회의 신화적 원형을 재현하고 있다. 즉, 유럽에서 이주한 이들이 조금씩 서쪽으로 이동하면서 자신의 영역을 확대시키고 미국적인 것들을 일궈 나가는 과정을 반영한다. 서부영화 장르에서 길은 야만과 문명을 연결하는 연결선이다. 이러한 연결은 야만도 문명도 아닌 중간적 위치를 제공한다. 여기서 가장 중요한 것은 운동성mobility이다. 서부영화의 운동은 특정한 방향성을 지니고, 이를 통해 문명의 영역이 확장되고 보장받으며 야만으로부터 방어하는 질서의 수호자를 받아들이는 서사를 구축한다.

서부영화가 자연과 인간 그 가운데의 길을 반영했다면, 필름 누아르의 길은 도시적 환경에서 공간으로서의 길을 제시한다. 서부영화가 미국의 기원에 관한 신화를 제공한다면, 필름 누아르는 미국적 이데올로기의 심화 과정을 보여 준다. 즉, 로드 무비는 서부영화와 필름 누아르에서 출발하는 역사적인 미국적 신화에 그 기원을 두고 각각 도시와 자연을 반영한다. 이런 길들은 한 방향을 향하고 있으며, 길이 향한 그곳이 영화가 이르게 되는 마지막 지점이다. 다시 말해, 로드 무비는 어떤 공간이나 이데올로기가 아닌, 사이에 있음을 반영한다.

로드 무비는 이미지의 연속이 아닌 공간의 연속을 통해 영화적 진행을 유지시키는데, 1960년대 이후 영화에서는 길이 좀 더 개인적인 의사소통과 상호작용의 과정을 보여 주는 미시적인 차원으로 확대된다. 로드 무비에서 보여지는 길은 사람과 사람을, 공간과 시간을, 사건과 그 의미를, 모방과 재현을, 내레이션과 이미지를 연결시킨다."[10]

지금까지 살펴본 로드 무비의 특성을 정리하면 다음과 같다. 첫째, 로드 무비의 주 소재는 '길' 혹은 '길 위의 여행'이다. 로드 무비에 다른 장르의 성격이 결합되기도 하지만 모든 로드 무비에 공통되는 것은 길과 여행이라는 소재다. 이 여행은 단순히 여행 자체를 위한 여행일 수도 있고, 무언가로부터 도피하거나 무언가를 찾아가는 여행일 수도 있다. 무언가를 찾는다면 그 대상은 물리적인 것일 수도 있고 추상적이거나 정신적인 것일 수도 있다. 물리적인 대상은 보통 고향이나 가족인 경우가 대부분이고 추상적인 대상은 자아, 개인이나 국가, 사회의 정체성, 역사, 의식, 문화의 의미, 인생의 의미 등이다.

둘째, 로드 무비의 인물들은 무언가를 찾기 위해, 아니면 무언가로부터 도피하기 위해 길을 떠난다. 그래서 이들은 퀘스트 quest 모티브를 가지고 있다. 보통 두 인물이 동행하는 경우가 많다. 두 인물은 원래 친구여서 함께 길을 떠나기도 하고 혼자 가다가 우연히 만나기도 한다.

셋째, 로드 무비에서는 대개 가족을 비롯한 자신의 울타리가 붕괴되어 있다. 이는 사회나 조국의 붕괴를 의미하기도 한다. 가족생활은 거의 등장하지 않거나 옛 기억으로만 보여지며 인물이 염원하는 대상으로 그려진다.[11]

정리하면, 로드 무비의 가장 큰 특징은 무언가를 찾아 길을 떠나는 행위가 가장 크게 부각된다는 것이다. 이때 길은 하나의 노드node로 등장인물이 사건이나 새로운 등장인물을 만나는 지점이거나 최종 목적지로 가는 통로 혹은 도착지가 된다. 등장인물은 오랜 시간 걷거나 자전거, 오토바이, 마차, 자동차 등의 모빌리티를 이용해서 한 장소에서 다른 장소로 이동한다. 등장인물은 부유하는 유동성을 드러냄과 동시에 장소의 이동성, 등장인물의 가치나 생각의 전환을 가져오는 전이 등의 모빌리티를 표현하는 주체다.

길 위의 문학, 로드 무비의 원형

길 또는 이동과 관련된 이야기는 모든 면에서 문학의 역사를 따라 거슬러 올라가며 그리스신화에 바탕을 둔다. 한편 우리에게는 페르시아 문화권의 유목민(노마드)적 전통과 실크로드의 길과 관련된 전통이 익숙한 문화적 배경이라고 할 수 있다. 신화뿐만 아니라 서로 다른 문화에서 산출된 고전소설, 민담, 설화, 전설 등에서도 로드 무비와 구조적 유사성을 확인할 수 있다.[12]

이처럼 길을 배경으로 하는, 길을 가는 사람들의 이야기를 다룬 문학에서 로드 무비의 기원을 찾아볼 수 있는데, 이는 동양 문학보다 서양 문학에서 주로 발견된다. 왜냐하면 서양 문화의 특성 중 하나가 '길의 문화'이기 때문이다. 그에 비해 동양 문화는 '광장의 문화'로 일컬어진다. 동양인은 (유목민을 제외하고) 귀소본능이 강하고 장소에 매이는 전통을 가지는 반면, 서양인들은 한 장소에 눌러 살기보다는 필요에 따라 자유롭게 옮겨 다녀 역사적으로 종종 민족의 대이동이 일어나기도 했다. 타민족의 침입이나 종교 분쟁이 일어났을 때 그들은 대규모 이동을 감행했다.[13] 이러한 특성은 움직임의 기반이 되는 '길'과 통한다. 서양인들은 역사적으로 탐험과 개척을 통해 자신들의 땅과 세력을 넓혀 왔고, 개인들도 자아를 찾는 모험을 여행과 방랑을 통해 수행했다.[14] 따라서 문학에서도 길과 관련한 작품이 다수 탄생했다. 오래전부터 문학을 소재로 한 영화가 제작되어 왔기 때문에, 길과 관련한 로드 무비가 탄생한 것은 매우 자연스러운 일이라고 할 수 있다.

그리스 호메로스Homeros의 《일리아스Ilias》와 《오디세이아 Odysseia》는 서양 문학에서 길을 통한 모험을 다루는 문학의 효시다. 그 외 존 버니언John Bunyan의 《천로역정The Pilgrim's Progress》, 단테Alighieri Dante의 《신곡La divina commedia》, 스위프트 J. Swift의 《걸리버 여행기Gulliver's Travels》, 마르코 폴로Marco Polo 의 《동방견문록Divisament dou Monde》, 프랭크 바움Frank Baum의 《오즈의 마법사The Wizard Of Oz》, 루이스 캐럴Lewis Carroll의 《이 상한 나라의 앨리스Alice in Wonderland》 등, 우리에게 익숙한 많 은 문학작품들이 길을 따라 이동하고 여행하며 다양한 인간을 만나 사건을 겪으면서 주인공이 성장하는 이야기를 담고 있다. 이들 작품을 살펴보고 로드 무비와의 관련성을 짚어 보자.[15]

호메로스의 《일리아스》는 트로이전쟁에서 아킬레우스Achilleus 의 활약을, 《오디세이아》는 그리스군이 트로이를 공략한 뒤 10 년에 걸친 오디세우스Odysseus의 모험과 귀향에 관한 이야기를 다 룬다.

두 작품의 배경이 된 트로이전쟁이 일어난 원인은 이렇다. 아 킬레우스의 부모인 테티스와 펠레우스의 결혼식에 초대받지 못 해 심통이 난 '불화의 여신' 에리스가 결혼식장에 '가장 아름다운 사람의 것'이라고 쓰여진 황금 사과를 던졌다. 제우스 신의 아내인 헤라와 딸인 아테네·아프로디테 세 사람이 저마다 그 사과를 자신의 것이라 주장하며 다투자, 제우스가 트로이의 왕자 파리스에게 판결을 부탁했다. 아프로디테는 파리스에게 자기 편을 들어주면 세상에서 가장 아름다운 미인을 안겨 주겠다고 했고, 결국 파리스는 아프로디테의 손을 들어 주었다. 파리스의 도움으로 사과를 얻은 아프로디테는 보답으로 그리스 최고 미인 헬레네를 데리고 달아나게 해 주었다. 아내를 빼앗긴 헬레네의 남편 메넬라오스가 형 아가멤논과 함께 트로이 원정에 나서면서 트로이전쟁이 시작된다.

《일리아스》는 트로이전쟁이 일어난 지 10년 째 되던 해 며칠 동안의 일을 다루고 있다. 그리스 연합군의 용사 아킬레우스는 자신을 무시하는 총사령관 아가멤논에게 화가 나서 전투를 거부하고, 여신인 어머니에게 부탁하여 자기편이 지도록 일을 꾸민다. 그리스 연합군은 아킬레우스 없이도 한동안 잘 싸우지만 결국 큰 위기를 맞게 되고, 보다 못한 아킬레우스의 절친 파트로클로스가 전투에 참가한다. 그는 적을 격퇴하여 큰 공을 세우지만 트로이 군의 총사령관 헥토르에게 죽임을 당한다. 아킬레우스는 분노하여 신이 만든 새로운 무장을 걸치고 나가 친구의 원수 헥토르를 죽이고, 그의 시신을 전차에 매달고 끌고 다니며 모욕을 주었지만 신들의 중재로 결국 그 시신을 돌려보낸다.

《오디세이아》는 그리스 군이 트로이를 공략한 뒤 이타카의 왕 오디세우스가 귀향하기까지 겪은 온갖 모험담을 그리고 있다. 오디세우스는 트로이전쟁에서 혁혁한 공을 세우고 고향 이타카로 돌아가는 항해를 시작한다. 그러나 올림푸스의 신들이 결정한 그의 운명은 이름(증오받는 자)처럼 고난과 역경으로 가득 차 있다. 한편 오디세우스가 자리를 비운 사이 홀로 남은 왕비 페넬로페에게 구혼하는 자들이 궁전에 몰려들어 그의 재산을 탕진하며 방자하게 구는 등 이타카의 상황도 혼란스럽다.

오디세우스는 항해 중에 포세이돈의 아들인 외눈박이 거인 폴리페모스의 동굴에 갇혔다가 불에 달군 말뚝으로 외눈을 찌르고 간신히 탈출에 성공하는가 하면, 식인 거인족 라이스트뤼고네스인을 만나 다른 함선들과 거기에 타고 있던 전우들을 잃고 구사일생으로 도망친다. 요정 키르케의 마술에 걸려 일행이 모두 돼지로 변하는 위기를 겪고, 뱃사람들을 유혹하는 세이렌 자매('사이렌'의 어원)가 사는 바위 옆도 지난다. 폴리페모스를 장님으로 만든 것에 분노한 포세이돈이 풍랑을 일으켜 그를 요정 칼립소의 섬으로 가게 한다. 귀향을 위해 저승까지 찾아갔던 오디세우스는 이후에도 몇 번의 난파와 표류 등 죽을 고비를 넘기고, 파이아케스인들이 사는 스케리아섬에서 왕녀 나우시카 공주에게 구원되어 천신만고 끝에 꿈에 그리던 고향 이타카로 돌아간다.[16]

《천로역정》은 주인공 크리스천이 한 권의 책(성경)을 읽고 자신이 마을이 신의 손에 재판받는다는 것을 알고 순례의 길을 떠나는 이야기이다. 그는 '파멸의 도시'에서 도망쳐 '낙담의 호수'

와 '허영의 시장'을 지나며 유혹을 뿌리치고, 또한 악마 아폴리온에게 악전고투 끝에 승리하여 최종적으로 '천상의 도시'에 도착한다. 여기까지가 제1부의 내용이고, 제2부는 '파멸의 도시'에 남겨진 아내 크리스티나가 마찬가지로 여러 고난을 겪은 끝에 '천상의 도시'에 이르는 여정을 담고 있다.[17]

단테의 《신곡》은 〈지옥편〉, 〈연옥편〉, 〈천국편〉의 3부로 구성된 장편 대서사시다. 이야기는 단테가 33살 되던 해 시작된다. 단테가 성聖금요일 전날 밤 길을 잃고 어두운 숲속을 헤매며 번민의 하룻밤을 보낸 뒤 빛이 비치는 언덕 위로 다가가려 했으나 세 마리 야수가 길을 가로막아 올라가지 못하고 있을 때 베르길리우스가 나타나 그를 구해 주고 길을 인도한다. 베르길리우스는 먼저 단테를 지옥으로, 다음에는 연옥의 산으로 안내하고는 꼭대기에서 단테와 작별하고 베아트리체에게 그의 앞길을 맡긴다. 베아트리체에게 인도된 단테는 지고천至高天에까지 이르고, 그곳에서 한순간 신神의 모습을 우러러보게 된다. 곧, 《신곡》은 사후 세계를 중심으로 한 단테의 여행담이라고 할 수 있다.[18]

《걸리버 여행기》는 주인공 걸리버가 선의船醫가 되어 항해하던 중 난파하여 소인국, 대인국, 하늘을 나는 섬나라, 말馬나라 등을 표류하면서 기이한 경험을 하는 이야기이다. 외형적으로는 걸리버의 여행담이지만 인간의 탐욕과 시기를 풍자하고 있다.

《동방견문록》은 이탈리아의 마르코 폴로가 동방을 여행하며 체험한 것을 루스티첼로가 기록한 여행기이다. 마르코 폴로는

15세가 되던 해 동방무역에서 돌아온 아버지를 따라 세계 여행에 나선다. 1269년 베네치아를 출발한 마르코 폴로는 지중해를 지나 콘스탄티노플, 이란을 거쳐 1271년 호르무즈 해협에 도착한다. 그곳에서 배를 타고 가려던 계획을 포기하고 육로를 따라 이동하여 1275년 서아시아·중앙아시아를 거쳐 원나라의 상도上都에 도착한다. 마르코 폴로는 그곳에서 쿠빌라이(세조)를 알현하고 관직을 하사받았으며, 이후 무려 17년간 원나라에 머무른다. 당시 원나라를 통치했던 쿠빌라이 칸이 그의 귀환을 허락하지 않았기 때문이다. 마르코 폴로는 중국의 여러 지역을 여행하며 동방의 문물을 경험했으며, 특히 중국 양주揚州에서 상당한 지위의 관리로 임명되기도 하였다. 그는 고향 베네치아로 돌아가기를 원했지만 번번이 거절당하다가 마침내 1290년 일한국汗國 국왕 아르군Arghun에게 시집가는 왕녀 코카친을 수행하라는 명을 받고 14척으로 구성된 선단에 가담하였다. 천주泉州항을 출발하여 남중국해 해로를 따라 수마트라섬을 지나 인도양을 건너 26개월 만에 페르시아만의 호르무즈섬에 도착하였다. 하지만 그들이 도착했을 때 이미 아르군 왕이 사망하여 코카친 왕녀를 아르군의 아들 가잔Ghazan에게 인계한 다음 1295년 베네치아로 귀국하였다. 《동방견문록》은 내용의 진위 여부를 놓고 여러 의혹이 제기되었지만, 책 출간 이후 많은 사람들이 아시아 지역을 여행하게 되었고 콜럼버스의 항해에도 영향을 미치는 등 큰 역할을 했다.[19]

《오즈의 마법사》는 캔자스에 살고 있는 소녀 도로시가 강아지 토토와 함께 회오리바람에 휩쓸려 오즈라는 나라로 떨어지면서 겪는 모험을 다루고 있다. 추락하던 도로시의 집에 오즈의 나쁜 동쪽 마녀가 깔려 죽자, 착한 북쪽 마녀가 감사 인사를 하며 도로시에게 죽은 마녀가 신고 있던 은구두를 건네준다. 오즈의 마법사를 찾아가면 집으로 돌아가는 방법을 알려 줄 거라는 북쪽 마녀의 말에, 도로시는 오즈의 마법사가 있는 에메랄드시를 향해 떠난다. 도로시는 가는 길에 뇌를 갖고 싶은 허수아비, 심장을 갖고 싶은 양철나무꾼, 용기를 얻고 싶은 사자를 만나 여정을 함께한다. 위험이 닥칠 때마다 도로시와 친구들은 지혜와 사랑, 용기로 헤쳐 나가며 에메랄드시에 도착하여 오즈의 마법사를 만나지만, 마법사는 나쁜 서쪽 마녀를 물리치기 전에는 소원을 들어줄 수 없다고 말한다. 도로시 일행은 다시 한 번 갖가지 위험들을 이겨 내고 마녀를 없앤 뒤 다시 에메랄드시로 돌아오지만, 이번에는 오즈의 마법사가 진짜 마법사가 아니라는 사실이 밝혀져 좌절한다. 가짜 마법사는 도로시와 친구들에게 겨로 만든 뇌, 명주실로 만든 심장, 용기가 생기는 약을 건네주는데, 허수아비와 양철나무꾼 그리고 사자는 실제로 그들의 소원이 이루어졌다고 믿는다. 착한 남쪽 마녀 글린다를 찾기 위해 도로시 일행은 또 한 번 힘든 여정을 함께하고, 마침내 그녀를 만난다. 글린다의 도움으로 허수아비, 양철나무꾼, 사자는 오즈에 남아 그곳을 다스리기로 하고 도로시는 글린다의 말대로 신고 있던 은구두를 세 번 쳐서 토토와 함께 다시 캔자스로 돌아오게 된다. 《오즈의 마법사》는 도로시와 친구들이 모험을 통해 자신의 진정한 가치를 발견해 가는 모습을 보여 주며, 결국 자신을 변화시킬 수 있는 마법은 자기 안에 있다는 것을 일러 준다. 특히 도로시가 길에서 만난 세 캐릭터에 따른 에피소드 전개가 인상적이며, 함께 목표를 달성하기 위하여 계속 이동하며 문제를 해결하는 장면은 로드 무비의 전형을 보여 준다.

《이상한 나라의 앨리스》는 일곱 살 소녀 앨리스가 꿈속에서 토끼 굴에 떨어져 이상한 나라를 여행하면서 겪는 신기한 일들을 그린 동화이다. 아이시스강의 강둑에 앉아 졸고 있던 앨리스는 조끼를 입은 흰 토끼가 회중시계를 보며 안절부절못하는 것을 보고 그를 따라 땅속으로 내려간다. 이 토끼를 뒤쫓으면서 앨리스는 온갖 이상한 경험을 하게 된다. 물약을 마시고 버섯을 뜯어먹어 몸이 생쥐만큼 작아졌다가 집채만큼 커지기도 하고 뱀처럼 목이 늘어나기도 한다. 또한 눈물의 호수에서 헤엄치는 생쥐, 담배를 피우는 쐐기벌레, 파이를 지키는 무시무시한 공작부인, 체셔 고양이, 차 마시는 미치광이 모자장수와 겨울잠쥐를 찻주전자에 빠뜨리는 3월의 토끼, 홍학으로 크로켓 경기를 하는 붉은 하트의 여왕, 앨리스에게 바닷가재의 춤을 가르쳐 주는 가짜 거북 등 이상하고 다양한 인물들 만나게 된다. 순진한 새침데기 소녀 앨리스는 이런 광란에도 나름 분별 있게 대응하려고 노력한다. 《이상한 나라의 앨리스》는 빅토리아 시대 부르주

아 계층의 무감각한 아동 교육을 앨리스의 이상한 세계 여행을 통해 비꼬는 것으로 이해된다.[20]

지금까지 살펴본 문학작품에 등장하는 주인공의 여정은 토도로프Tzvetan Todorov, 프로프Vladimir Propp, 레비스트로Claude Lévi-Strauss가 말한 영웅의 여정 단계와 유사하다.

주인공은 평안한 생활을 유지하다가 어느 날 어떤 존재로부터 소명을 받게 되고, 그것을 달성하기 위해 집을 떠나 미지의 세계로 여행하게 되고, 도중에 위기에 봉착하게 되지만 조력자의 도움과 자신의 지략과 힘을 발휘해서 위기를 해결한다. 이후 영웅으로 등극함으로써 미미한 존재에서 유명한 존재로, 어린아이 또는 소년(녀)에서 성인으로 성장하게 된다. 이는 영웅의 여정이 시간과 공간의 변화 속에서 영웅의 사회적 지위도 변화시킴을 알 수 있다.[21]

이를 표현하기 위해 로드 무비에서는 도보·말·마차·자전거·오토바이·자동차 등 모빌리티 수단이 등장하며, 트래킹 숏과 광활하고 황량한 공간이 펼쳐진다. 등장인물은 공간에서 공간으로 이동하고, 머뭇거리고, 갈등하고, 누군가를 만나거나 무언가를 깨닫고 문제를 해결한다.

길 위의 문화, 히피문화와 서부영화

로드 무비가 활발하게 만들어지기 시작한 때는, 1960년대 미국에서 히피가 등장하고 그 문화가 번성한 시기와 맞물려 있다. 히피문화로 대표되는 1960년대 미국 청년문화는 베트남전쟁에 반대하는 반전운동을 이끈 반체제 성향, 자유로운 사고와 평등한 삶의 추구 등으로 특징지을 수 있다.

당시 청년들에게 큰 영향을 미친 히피 사상은 동양 사상, 공산주의 사상, 신비주의 사상 등이 뒤섞인 자유평등주의였다. 전쟁에 반대하고 전쟁에 개입하는 정부에 저항하며, 그 가운데서도 국가 및 개인의 정체성을 찾으려 애썼다. 히피들은 이를 위해 길을 떠나 여행에 나서곤 했다. 앞서 소개한 영화 〈이지 라이더〉에서도 두 히피 주인공이 오토바이 모빌리티를 타고 미 대륙을 횡단하면서 미국의 정체성과 자신들의 자아를 찾고 그들의 이상인 히피 사상을 확인하려 했다. 그들이 여행 중에 사막 한가운데서 만난 공동생활을 하는 히피들의 모습은 노마드족의 또 다른 모습을 보여 준다.[22]

또한 앞서 살펴보았듯, 히피문화와 함께 서부영화도 로드 무비에 영향을 주었다. 서부영화의 등장인물들은 황금을 찾아 길을 떠나거나 복수를 위해, 혹은 다른 어떤 목적을 이루고자 광활한 대륙을 횡단한다. 서부영화는 개척기 미국 서부를 배경으로 총잡이와 주변 인물이 중심이 되는 영화의 한 장르로, 미국 서부 지역의 역사나 전설적 이야기에서 그 유래를 찾을 수 있다. 서부영화의 배경은 광활하고 야생적인 풍경으로 그려지는데, 이러한 공간적 배경 속에서 등장인물은 어떤 목적을 달성하고자 원주민이나 무법자와 싸우고 윤리를 지킨다. 따라서 서부영화에는 독립심 강한 영웅, 검은 복장의 험상궂은 무법자, 매력적인 여성, 추격전이나 총격전, 사람들이 많이 모이는 술집, 황량하고 넓은 들판이 관습convention으로 작동한다. 대표적인 서부영화 몇 편을 살펴보자.

첫 서부영화로 꼽히는 작품은 에드윈 S.포터Edwin S.Porter의 〈대열차강도The Great Train Robbery〉(1903)이다. 이 영화는 13개의 장면으로 구성되었다. 각각의 장면이 이어지며 스토리를 전개해 나가는 방식이다. 첫 장면에서는 두 명의 복면강도가 전신기사를 위협하여 기차를 무단으로 정차하도록 전보를 친다. 두 번째 장면에서는 그 강도들이 기차에 오르고 우편열차 칸에 들어가 한 차례 격투를 벌인 뒤 금고를 연다. 세 번째 장면에서는 두 강도가 기관사와 화부를 꼼짝 못하게 만들고 둘 중 한 사람을 기차 밖으로 내던진다. 네 번째 장면에서 강도들은 기차를 멈춰 세우고 승객들을 인질로

| 그림 24 | 첫 서부영화로 꼽히는 〈대열차강도〉의 한 장면.

잡는데 한 승객이 달아나다가 총에 맞는다. 그런 다음 강도들은 엔진 위로 올라가 탈출하고 다음 장면에서 말을 타고 달아난다. 그때 기차에 타고 있던 전신 기사가 도움을 요청하는 전보를 보낸다. 사람들이 춤을 추며 놀고 있던 한 살롱에 전보가 도착하자 모든 사람이 총을 들고 밖으로 나간다. 그 다음 강도들이 민병대에게 추격당하는 장면이 이어진다. 총격전이 벌어져 강도들은 사살된다.[23] 이러한 스토리가 6연발 권총, 열차 강도, 말을 타고 추격하는 장면을 비롯하여 넓고 광활한 서부를 배경으로 등장인물들이 끊임없이 이동(추격, 추적)하는 모습과 함께 펼쳐진다.

| 그림 25 | 〈회전초〉에서 질주하는 마차들.

1925년에 개봉한 〈회전초 Tumbleweeds〉도 들판을 질주하는 고전적인 시퀀스(장소, 액션, 시간에 따른 에피소드 전개)가 잘 드러난 영화다.

서부영화의 걸작 중 하나로 꼽히는 〈역마차Stagecoach〉(1939)는 서부의 작은 마을 톤토에서 인디언 지역을 통과해 로즈버그 마을로 가는 한 역마차의 여정을 그리고 있다. 역마차 안에는 마을에서 쫓겨난 매춘부 달라스와 남편을 만나러 여행길에 오른 부인, 면허를 박탈당한 알코올 중독자 의사, 언변 좋은 사기 도박꾼, 사기꾼 은행가, 위

| 그림 26 | 서부영화의 걸작으로 꼽히는 〈역마차〉.

스키 장사꾼, 보안관 등 8명이 타고 있다. 그리고 여기에 아버지와 형을 죽인 원수를 찾고 있는 탈옥수 링고 키드가 합류한다. 보안관은 감옥에서 탈출한 링고 키드를 주의 깊게 관찰하지만, 진짜 위험은 링고가 아닌 다른 곳에서 시작된다. 제로니모를 위시한 아파치 무리가 역마차를 공격한 것이다. 역마차가 아파치들의 공격을 받는 동안 범법자 링고는 자신을 버린 사회를 구하기 위해 영웅적인 활약을 펼친다.[24]

역동적인 장면을 표현하기 위해 땅바닥을 파서 그 안에 카메라를 놓는 독특한 방식을 개발하여 그 위로 역마차와 인디언 말들을 지나가게 함으로써 박진감 있는 장면을 연출했으며,[25] 고정된 계곡의 광대함과 역동적인 역마차의 움직임을 대조하여 모빌리티를 표현했다.

서부영화의 거장 존 포드John Ford 감독의 〈수색자The Searchers〉

| 그림 27 | 주인공이 복수를 위해 길을 떠나는 영화 〈수색자〉.

(1956)는 인디언 무리들에 의해 가족이 살해당한 후 납치된 조카딸을 찾아 인디언을 쫓아 방랑하는 주인공의 이야기를 담은 영화로, 복수를 위해 길을 떠나는 현대의 로드 무비와 유사하다.[26] 내리쬐는 태양, 광활한 모뉴멘트 밸리, 자욱한 먼지, 사람들을 둘러싼 높은 바위 등이 주인공의 방랑과 쓸쓸함을 강조한다.

길 위의 구성물, 로드 무비의 요소

로드 무비를 구성하는 요소는 공식formula, 관습convention, 도상icon으로 나누어 볼 수 있다. 공식은 영화의 전체 구조에서 예측 가능한 결과를 가져올 친숙한 행위로 영화의 장르를 인식하게 만드는 반복되는 패턴을 말한다. 관습은 공식보다 작은 단위로 공식 내부에서 반복되는 작은 에피소드이고, 도상은 세팅·의상·소품·조명 등 시각적 요소로 관습보다 더 작은 단위이다. 도상은 영화 장르를 좀 더 직관적이고 직접적으로 식별하게 하는 시각적 요소를 지칭한다.[27]

로드 무비의 공식

로드 무비의 공식으로는 '무언가를 찾아 나서는 플롯', '비주류 주인공', '자기 발견의 결말'을 꼽을 수 있다.

'무언가를 찾아 나서는 플롯'은 로드 무비에서 가장 흔히 나타나는 양상이다. 수전 헤이워드Susan Hayward가 "일반적으로 말해 로드 무비는 순차적인 시간을 쫓아 A 지점에서 B 지점으로 이동한다"[28]고 한 것처럼, 로드 무비의 플롯은 장소의 이동을 따라 순행하며 선형적인 단순한 구조를 지닌다. 곧, 로드 무비의 이야기 공식은 주인공이 길을 떠나고 그 여정 중 여러 사람과 사건을 겪으며 무언가를 깨닫는 것으로, 특히 길이나 바다에서 이야기가 전개되며 모험·여정·탐험·방랑 등이 중심 소재로 등장한다.

주인공이 길을 떠나는 동기는 첫째, 무언가를 찾기 위해서인데 인물이 자발적으로 떠나는 경우와 본의 아니게 떠나는 경우로 나눠진다. 최근 로드 무비의 주인공들은 과거에 비해 비자발적으로 떠나는 경향이 있다. 이 경우 주인공들은 미성숙하고 결함이 있는 상태에서 출발하지만 여정을 통해 좀 더 나은 존재로 성장한다. 성장 영화에서 로드 무비의 특징이 자주 보이는 이유이다.

둘째, 무언가로부터 도망치는 경우로, 주인공이 불법적 혹은 비도덕적인 일을 했거나 오해를 받곤 한다. 여기서 '무언가'는 외적이고 유형적이며 물리적인 것일 수도 있고, 내적이고 추상적인 것일 수도 있다. [29]

로널드 B. 토비아스Ronald B. Tobias는 이를 바탕으로 로드 무비의 플롯을 '추구의 플롯', '모험의 플롯', '추적의 플롯'으로 나누었다. '추구의 플롯'은 주인공이 사람, 물건 또는 만질 수 있거나 만질 수 없는 대상을 찾아가는 이야기를 다룬다. 이때 주인공은 자신의 인생을 바꿀 만큼 의미 있는 무언가를 찾으려고 한다. 등장인물은 추구하는 과정에서 변하고, 찾고자 하는 것을 얻는 데 실패하느냐 성공하느냐에 따라 인생이 달라진다. 따라서 '추구의 플롯'에서의 주인공은 영화가 시작할 때와 달리 끝날 때 성장하거나 성취함으로써 상당히 달라진mobility 면모를 보여 준다. [30]

'모험의 플롯'은 '추구의 플롯'과 유사한 면이 있지만 '추구의 플롯'이 인물의 플롯에 중점을 둔다면 '모험의 플롯'은 행동의 플롯이 핵심이다. '추구의 플롯'에서는 처음부터 끝까지 여행을 떠나는 인물에 초점을 두지만, '모험의 플롯'은 여행 혹은 여정 자체에 무게중심이 있다. [31] 고대 영웅 서사시나 모험소설 등이 여기에 해당한다.

'추적의 플롯'은 누군가는 쫓고 누군가는 쫓기는 단순한 원리로 구성된 것으로, 추적의 대상이 되는 사람은 위험한 상황에 처하게 되고 추격자는 도망자를 잡을 정당한 기회를 갖는다.[32] 이 플롯은 로드 무비의 동기가 무언가로부터 도망치는 것일 때로 스릴러, 누아르, 갱스터 장르에서도 보이지만 로드 무비에서는 쫓고 쫓기는 행위 자체보다는 쫓기는 자의 내면 심리를 더 비중 있게 다룬다.[33]

로드 무비의 공식 중 '비주류 주인공'은 보통 사회 안에서 문화적 · 인종적 · 민족적 · 사회적으로 구별되는 특수한 상황에 처해 있는 소수자 집단에 속한 인물을 말한다. 소수자 집단은 시대 변화에 따라 다르기 때문에 일률적이지 않다. 로드 무비에서 소수자 집단, 즉 비주류 주인공은 주류 기성 사회에 적응하지 못하거나 소외된 인물로 어디에서도 환영받지 못하고 정착할 곳 없이 부유하는mobility 인물이다. 여러모로 부족하거나 하는 일마다 잘되지 않거나 성소수자여서 좌절 상태에 있다. 따라서 늘 불만족스럽기 때문에 자신들을 환영해 줄 어딘가 혹은 무언가를 찾아 길을 떠나고, 그 과정에서 여러 상황에 봉착한다.

이러한 영화에는 어린이와 조폭의 여정을 다룬 〈기쿠지로의 여름菊次郎の夏〉(1999), 동성애자를 다룬 〈로드 무비〉(2002), 백인 장애인과 흑인 도우미의 이야기를 다룬 〈언터처블 Untouchable〉(2011), 독재자의 폭정에 반발한 사령관과 가족을 잃고 사막을 떠도는 인물을 다룬 〈매드맥스: 분노의 도로Mad Max: Fury

Road〉(2015), 트랜스젠더의 여정을 다룬 〈탠저린Tangerine〉(2015), 흑인 피아니스트와 이탈리아인 운전사의 투어를 다룬 〈그린 북 Green Book〉(2018) 등이 있다.[34] 자의에 의해서든 타의에 의해서든 각자 처한 문제를 해결하거나 현실에서 도피하기 위해 길을 떠나고 그 과정에서 자신을 돌아보고 깨달음을 얻기도 하며 계속 실패하는 상황이 이어지기도 한다.

　마지막으로 '자기 발견의 결말'은 로드 무비의 결말에서 나타난다. 로드 무비에서 길이나 바다로 향하는 여정은 표면상으로는 길에서 길로의 이동을 보여 주지만, 사실은 주인공 내부로 향하는 여정이거나 주인공의 자아 찾기이다. 주인공은 추구하는 바를 찾기도 하고, 그렇지 못하기도 한다. 전자의 경우는 무

| 그림 28 | 흑인 피아니스트의 투어에 이탈리아인 운전기사가 동행하면서 벌어지는 이야기를 담은 영화 〈그린북〉.

언가를 찾거나 해결책을 발견하거나 본인이 한껏 성장했음을
알아차리는 반면, 후자의 경우는 계속 좌절하거나 실패하겠지
만 여정은 계속 되리라는 암시를 주거나 죽음에 이르게 된다.

로드 무비의 관습

로드 무비의 관습(공식 내부에서 반복되는 작은 단위)으로는 '낯선
사람을 만나는 장면', '쉬어 가는 장면' 등을 들 수 있다. 이러한
관습적 장면들은 '무언가를 찾아나서는 플롯'을 바탕으로 '비주
류 주인공'이 여정을 떠나고 결국 '자기 발견'의 결말로 맺어지는
공식을 뒷받침해 준다.[35]

'낯선 사람을 만나는 장면'은 매 시퀀스마다 새로운 환경과 새
로운 사람을 만나게 되는 로드 무비의 패턴이다. 주인공이 만나

| 그림 29 | 〈원 위크〉에서 벤이 노인을 만나는 장면.

는 낯선 사람은 주인공과 함께 길을 떠나며 도움을 주기도 하고 갈등을 일으키기도 하면서 주인공의 성격을 변화시키거나 목표 달성에 영향을 준다.

〈원 위크One Week〉(2008)의 주인공 벤은 어느 날 갑자기 암으로 시한부 선고를 받고, 지금 당장 치료를 해도 생존 가능성이 희박하다는 의사의 진단을 받은 후 병원을 나온다. 우연히 모터사이클 마니아인 한 노인을 만나 그에게서 그것을 구입한 다음 혼자만의 여행을 시작한다. 여기서 낯선 사람인 노인과의 만남은 벤이 길을 떠나게 되는 주요한 계기가 된다.

'쉬어 가는 장면'은 말 그대로 로드 무비에서 등장인물이 여정 중에 한 번쯤은 쉬어 가는 장면이 등장한다는 것이다. 인물의 내적 변화가 일어나거나 외적인 장애물을 만나 여정이 중단될 위기에 처할 때, 혹은 쫓기는 인물들이 계속되는 여정에 지

| 그림 30 | 〈더 로드〉의 쉬어 가는 장면.

쳐 쉬어 갈 때 이 장면이 등장한다. 이 장면은 주인공이 여정을 계속 이어 갈 수 있도록 하는 쉼표 역할을 한다. 이때 인물들 간에 오해가 풀리거나 상호 이해를 하게 되거나 깨달음의 단초가 일어난다. 흔히 서부영화에서 밤에 사막이나 황량한 벌판에 불을 피워 놓고 쉬는 장면이나 음식을 먹는 장면으로 묘사된다.

로드 무비의 도상

도상은 로드 무비를 표현하는 시각적이고 직관적인 요소들을 의미한다. 일반적으로 로드 무비에 등장하는 도상은 '광활하고 열린 공간'과 '수송 수단mobility'이다. 흔히 끝없이 펼쳐진 도로, 사막, 산길, 바다, 해안가 같은 경관 그리고 자동차 · 오토바이

| 그림 31 | 〈매드 맥스: 분노의 도로〉의 롱숏.

와 같은 수송 수단이 떠오른다.

'광활하고 열린 공간'은 로드 무비가 길 위의 영화임을 드러내는 증표와 같다. 이를 보여 주기 위해 익스트림 롱숏extreme long shot이나 롱숏long shot을 써서 인물은 작게 보이게 하고 공간은 크고 넓고 황량하게 보이게 한다. 이것은 인물과 공간의 이질감, 인물의 소외감, 외로움, 처절함 등을 표현하기에 적합하다.

'수송 수단'은 광활하고 열린 공간을 지나가는 각종 모빌리티를 말한다. 주인공의 두 다리뿐만 아니라 트럭, 버스, 택시, 승용차, 기차, 배 등 다양한 수송 수단이 등장한다. 예전 영화에서는 말, 마차 등이 자주 등장했다. 이러한 수송 수단들은 시각적으로 역동성을 보여 줄 뿐만 아니라 인물이 공간을 이동하는 데 주요한 수단이다. 수송 수단이 고장 나거나 사고를 당하는 것이 새로운 에피소드의 서막이 되기도 한다.

SF 영화에서는 현재는 없는 다양한 모빌리티인 하늘을 나는

| 그림 32 | 〈마이너리티 리포트〉에 등장하는 자동차 모빌리티.

자동차, 벽을 타고 달리는 자동차, 홍채 인식을 통한 추적 장치 등을 통해 인물의 이동을 자유롭게 하거나 제한하기도 한다.

3장

린 백 극장에서
린 포워드 OTT로

'극장劇場 · theater'의 사전적 의미는 '무대와 관객석을 갖춘 특정한 건조물로서 무대에서 상연된 연극 · 오페라 · 무용 · 영화 등을 감상하는 장소'이다. 즉, 극장은 연극이나 음악, 무용 등을 발표하는 무대인 공연장performing place과 영화를 상영하는 영화관a movietheater을 모두 포함한다. 극장의 역사는 원시인들이 춤을 추던 원, 그리스의 야외극장, 교회, 엘리자베스 시대의 무대, 여관 등을 거쳐 현재의 멀티플렉스 영화관에 이른다.[1]

고대부터 근대까지의 극장과 현대 영화관의 역사적 흐름과 변화 속에서 극장과 영화관의 외형적 발달, 관람 대상의 변화와 이동, 관람 행태의 변화를 살펴보고 이를 통해 고정된 장소에서 영화를 관람하는 린 백Lean Back 극장에서 시공간에 제약 없이 관람하는 린 포워드Lean Forward OTT Over The Top*로 발전하는 경위를 짚어 보자.

극장의 이동, 고대 극장에서 중세 광장으로

극장은 극劇을 보여 주는 공간, 극을 볼 수 있는 공간으로서의

---

* 린 백Lean Back은 말 그대로 '의자나 벽에 몸을 기대어' 콘텐츠를 감상하는 것을 의미한다. 집이나 영화관 등 고정된 장소에서 TV나 영화를 보는 것을 일컫는다. 반면 린 포워드Lean Forward는 이런 기존의 방식에서 벗어나 능동적으로 '몸을 앞으로 구부려' 핸드폰이나 태블릿 등 휴대 가능한 기기로 원하는 장소에서 보고 싶은 콘텐츠를 골라서 즐기는 것을 뜻한다.

마당場이라는 포괄적인 의미를 지닌다. 'theater'의 어원인 테아트론theatron은 '본다'는 의미를 가지고 있다. 즉, 극을 보는 곳이 극장이다. 극장에는 연기를 하는 배우, 무대, 그리고 관객이 있으며 사람들은 그곳에서 펼쳐지는 공연을 즐긴다. 공연을 관람하기 위해 극장으로 이동하는 것은 일상에서 벗어나 비일상을 경험하는 것이자, 현실 또는 사실의 세계에서 허구와 상상의 세계로 이동하는 것이다. 집에서 극장으로의 물리적 이동과 일상에서 허구로의 경험적 이동이 일어나는 것이다.

　최초의 극장이 무엇인지는 정확히 알려진 바가 없지만, 그리스 아테네의 '디오니소스 극장Theatre of Dionysus'이 최초라는 기

| 그림 33 | 아테네의 디오니소스 극장.

록이 남아 있다. 이 극장은 기원전 6세기 후반 그리스의 비극 시인인 테스피스Thespis가 최초의 희곡상을 받으면서 형식화된 극장의 필요성이 대두되어 탄생하게 되었다.[2]

기원전 346년에는 로마에 최초의 극장이 세워졌다. 그리스의 극장이 접신이나 해탈을 위해 언덕 위에 세워진 것과 달리, 로마의 극장은 도시 한가운데에 건설되어 사람들의 삶에 한층 더 다가섰다. 로마인들은 그리스인들과 달리 인간을 지나치게 이상화하지 않고 사실적으로 현실을 묘사했다. 그리스 극장과 로마 극장의 위치적 차이는 당대 사람들의 사고방식이 제신 숭상에서 인간 중심으로, 이상 중심에서 현실 중심으로 변화되었음

| 그림 34 | 로마 극장.

을 보여 준다.

중세로 넘어오면서 극장은 또 한 번 변화를 겪는다. 고대에는 극이 특정 극장에서만 펼쳐진 반면, 중세의 극은 거리 · 광장 · 마당 등 다양한 도시 공간에서 가능했다. 이러한 중세의 '보이지 않는 극장 문화'는 서기 5백 년경 시작되어 1천 년 동안 이어졌다. 처음 교회 내부에서 시작된 종교극이 점차 세속화되어 신 · 구약성서의 내용을 소재로 한 신비극mystery plays, 그리스도를 주제로 한 수난극, 성자의 행적을 다룬 기적극miracle plays, 그리고 중세 말에는 도덕극morality plays, 어릿광대극farces, 풍자극satires, 목가극 혹은 전원극pastorals 등 다양한 형식으로 발전했다.[3]

11세기에 극은 교회 제단이나 본당 회중석에서 공연되거나 교회 안마당이 그대로 극장이 되기도 했다. 이후 공공광장에서 공연이 이뤄지면서 일부 시설이 일시적으로 준비되는 가변

| 그림 35 | 중세의 이동 극장.

성을 띠었는데, 당시 이탈리아인들은 이를 '하루살이 극장Teatro Effimero'이라고 불렀다. 공연이 있을 때 극장이 세워졌다가 공연이 끝나면 사라졌기 때문이다. 하루살이 극장은 패전트pageant라는 꽃수레 형식의 플랫폼이나 움직이는 카트 위에 조립식으로 세워졌고 가설 구조물인 만시옹mansions을 이용해 시내 풍경, 집, 천국, 지옥, 천국과 지옥 사이를 상징적으로 표현했다. 하루살이 극장은 말하자면 임시 극장으로 그때그때 변경 가능한 유동적인 공간이었다.

중세 공연 공간은 폐쇄적이거나 한정적이지 않아서 도시 전체를 극의 배경으로 사용할 수 있었다. 덕분에 더 많은 서민들이 극을 즐길 수 있었고, 피렌체 · 시에나 · 피스토이아 · 루카 · 스폴레토 등의 도시 광장이 극장 역할을 빈번하게 수행했다. 즉, 중세에는 물리적인 극장은 없었지만 광장이 극장으로 활용됨으로써, 도시와 삶의 공간이 바로 극장이라는 장소성을 띄게 되었다. 광장이 도시의 상징이자 중심이었기 때문이다. 중세의 광장은 공연이 펼쳐질 때 많은 사람들을 모았다가 끝나면 흩어지게 하는 집결지 역할을 수행했다.

르네상스, 극장의 재탄생

거리와 광장이 극장 역할을 했던 중세 시대에는 물리적인 건축물 형태의 고정식 극장은 없었다. 르네상스 시대에 이르러 영구적이고 물리적인 최초의 극장이 세워진다. 1576년 영국에서 제임스 버베이지James Burbage가 목조로 세운 극장이 그것

| 그림 36 | 엘리자베스식 극장.

이다. 엘리자베스 시대에 건립되었으므로 이 극장의 모델을 엘리자베스식 모델이라고 하였다.

엘리자베스 시대의 극은 언어의 아름다움이나 시적 표현이 강조되어, 극의 모든 표현이 대사 전달로 이루어졌다. 따라서 무대장치가 거의 없는 상태로 관객과 배우가 서로 같이 호흡하고 생동감 있는 연기를 할 수 있도록 무대가 객석으로 돌출된 형태로 만들어졌다.[4] 또한 배우들은 극장의 1, 2, 3층을 자유롭게 이동하며 연기했으며 이에 따라 관람객들의 움직임도 자유로웠다. 이 구조는 그리스시대 디오니소스적 연극 시대의 복귀로 볼 수도 있으나, 사실 영국의 극장은 스페인 연극의 직접적인 영향을 받아 형성된 것이다.

스페인에서는 대중극이 시작될 무렵 궁정과 대학의 건물을 사용하다가, 16세기부터 파티오patio라는 가설무대를 이용했다. 한편 스페인 북부 지방에서는 기존 건물을 이용한 부분적 가설

무대인 코랄레스corrales가 등장했다. 런던에 이 코랄레스 공연장을 모방한 여인숙극장Inn Theatre이 세워지면서 반半실내 공연장의 모델이 되었다.[5] 이렇게 봤을 때, 공연과 관련된 영국의 르네상스는 고전극으로의 회귀를 표현함으로써 과거로 이동함과 동시에, 극장 구조는 스페인 양식을 적용하여 문화적 유동성을 도모했다고 할 수 있다.

르네상스를 선도했던 이탈리아에서 극장이 구축된 것은 1585년 팔라디오Andrea Palladio가 고대극의 부활을 꾀하기 위해 올림

| 그림 37 | 여인숙 극장.

| 그림 38 | 올림피코 극장.

피코 극장Teatro Olympico을 건립하면서였다. 이탈리아 르네상스의 특징은 종교 중심의 중세에서 벗어나 비종교적인 새로운 정신과 고전문명에 대한 새로운 관심이라고 할 수 있는데, 이는 음악이나 회화뿐만 아니라 연극에도 막대한 영향을 끼쳤다. 14세기에 극의 대부분을 차지했던 종교극은 15세기로 넘어오면서 쇠퇴기로 접어들게 되었고, 이에 따라 광장 중심의 거리 공연이 적합하지 않게 되면서 실내 극장의 필요성이 대두되었다.

실내 극장은 실내 회화와 조형을 도입하였는데, 이런 장치들은 연극의 배경으로 활용되었을 뿐 아니라 그 자체로 감상의 대상이 되기도 했다. 또 하나 이 시기의 특징은 전문배우의 등장이다. 이러한 특징을 가진 올림피코 극장은 이탈리아 최초의 실내 극장이라는 것 외에도, 공연 내용은 고전적이지만 표현하는 형식에 있어서는 투시 기법과 착시 효과를 활용한 과감한 무대 기법을 연출했다는 점, 실내 공간의 회화적 장식들을 극의 배경으로 활용했다는 점 등에서 의미를 갖는다. 올림피코 극장과 영국의 엘리자베스식 모델의 차이를 살펴보면, 엘리자베스식 모델에서의 공연이 대사 위주였던 반면 이탈리아 르네상스식 모델은 대사와 무대 기법을 활용한 장면을 함께 전달했다는 것을 꼽을 수 있다. 이렇듯 극장의 변화는 공연 전달 방식의 변화도 가져왔다.

바로크, 르네상스와 근대의 교두보

17세기 바로크 시대의 극장은 르네상스 시대 극장 무대가 완성된 형태라고 할 수 있다. 바로크 시대 극장 형식은 유럽에 가장 넓게 보급되어 당시 국가 간에 문화적 교류가 활발했음을 보여준다. 바로크 시대의 특징은 강력한 왕권국가의 성립이다.

이탈리아에서 시작된 바로크 경향은 17세기에 이르러 프랑스에서 전성기를 맞이하고, 절대군주 루이 14세 때 절정을 이뤘다. 바로크 시대에는 다른 분야처럼 예술에서도 질서와 규율이 중시되고 개성보다 보편성이 중시되었다. 모든 예술은 루이 14세와 국가의 영광을 위해 존재해야 한다는 절대적 권위가 강조되었다. 따라서 이 시대의 극장들은 화려하고 웅장하다. 개성보다 전체적인 통합성을 중요시했던 바로크 시대에는 극장 무대 배경에 처음 투시도법이 도입된다. 이전 시대 무대 배경과의 차이점이자 변화이다.

당시 음악 분야에서는 두 개 이상의 독립적인 선율을 조화롭게 배치하여 화성적인 음악을 연출하는 대위법 기법이 주류를 이루었는데, 여기서 음악극 오페라opera라가 등장하면서 무대에서의 상연 방식과 극 내용의 전개가 이전과 달라졌다. 이에 따라 로마 국립극장, 나폴리 산 카를로 극장, 밀라노 라 스칼라 극장, 빈 국립 오페라극장, 파리 오페라극장 등 오페라를 공연할 수 있는 극장이 다수 생겼고, 18세기에는 정원을 극장으로 하는 '푸른 잎의 극장Teatri di Verzura'이 유행했다.[6]

이처럼 많은 극장이 건립되었지만 바로크 극장에 대한 부정

| 그림 39 | 푸른 잎의 극장.

적인 견해도 있었다. 당시 극장이 전적으로 왕족의 취미와 사교를 위한 장소로 기능하면서 서민들은 극을 관람할 수 없었기 때문이다. 1637년 베네치아에 건설된 최초의 공공 오페라하우스에는 이전에는 볼 수 없었던 새로운 형태의 객석이 등장했다. 이때부터 공공이 입장할 수 있도록 입장표가 부여되기 시작하여 서민들도 공연을 즐기게 되었다. 특이한 것은 객석을 서로 마주 보게 배치하여 서민들이 극장에서 극을 즐길 뿐 아니라 사회적 교제를 할 수 있도록 만들었다는 점이다. 비록 높은 가문의 사람들은 무대를 더 잘 볼 수 있는 위층에서 관람하고 서민은 오케스트라 난간 밑의 1층 바닥에 서서 극을 봤지만, 일반 사람들 생활 공간에서 예술 공간으로 이동시킴으로써 예술 향유 대상의 폭을 넓히고 변화를 가져왔다는 점에서 의의가 있다.

18세기 이후 바로크 극장은 사람들의 만남을 더욱 확장시켜 사회적 집회장 역할을 하게 된다. 이 새로운 역할이 점점 더 요구되고, 이것이 국민들 사이에서 새로운 극예술의 출현을 촉진시키면서 이를 공연하기 위한 혁명극장이 등장하게 된다. 이로써 극장은 근대시대를 열게 되었다. 이렇게 바로크 시대의 극장은 르네상스 시대의 극장을 이어받으면서, 공공을 위한 극장으로 관객의 대상이 확산되는 전환기에 있었다는 데 의미가 있다.

근대, 극장 기능과 관람객 이동과 변화

19세기 시민혁명을 통한 시민계급의 형성과 이에 따른 대규모 청중의 등장으로, 유럽의 극장들은 과거와는 다른 형식과 내용을 가진 형태로 변모하였다. 이 과정에서 극장은 19세기의 시대적 상황과 연동하면서 하나의 구체적인 건축물이 되었다. 19세기 유럽의 극장들은 근대사회의 복합적인 성격, 곧 근대성을 내포하였으며 이 근대성은 극장을 통해 지속적으로 재생산되었다.[7]

궁정 소속이었던 음악가들은 18세기 말부터 궁정에서 벗어나면서 당대의 사회적·정치적·경제적 주체인 부르주아 중산층에게 그들의 수익을 보장받게 된다. 그리고 이전까지는 사교가 공연의 주목적이었다면 이때부터 순수하게 음악을 듣고자 하는 사람들이 모이는 장으로 공간의 성격이 바뀌었으며, 음악의 소비 계층이 왕가와 귀족에서 대규모 중산층으로 이동하면서 극장 수가 늘어나고 규모도 점점 커졌다.[8]

음악뿐만 아니라 연극도 18세기까지 궁정연극 중심에서 19세기에는 시민과 노동자계급을 위한 시민극 형태로 바뀌었다. 음악보다 연극에 하층민 계급이 더 많이 모였는데, 그 이유는 음악보다 연극이 내용을 이해하기 쉬웠을 뿐만 아니라, 공연 내용이 왕과 귀족에 대한 비판적 내용이었기 때문이다.

공연에 대한 시민계급의 관심이 커지면서 19세기에는 공공극장이 급격하게 늘어났다. 이에 따라 공연장에서 왕족과 귀족들

| 그림 40 | 19세기에 건립된 '바이로이트 축제 극장Bayreuth Festspielhaus'.

이 앉던 박스석은 많은 사람들이 관람할 수 있도록 갤러리석으로 변경되었다. 이처럼 19세기 극장은 관람 주체가 변화하면서 극장 좌석의 구조도 변경되었다.[9] 이는 빈부격차에 관계없이 남녀노소 누구나 불편을 감수하고 딱딱한 의자에 앉아야 한다는 것을 의미했다. 그리스 원 극장을 기초로 만든 객석은 부채꼴 모양으로 경사면에 배치되어 있어서 어느 좌석에서도 무대가 잘 보였다.

이후 시청각 시설의 변화와 함께 극장의 외관도 바뀌면서 극장은 스펙터클의 공간이 된다. 사람들은 식물원이나 동물원을 방문하듯, 음악이나 공연을 듣고 보고 감상하기 위해서가 아니라 극장 자체를 구경하는 것에 더 관심을 보였다. 이것은 19세기 시민들의 일상적인 즐거움이 되었다.

현대 1, 예술 사조의 변화와 영화관의 등장

19세기가 개인의 개성과 감성을 중시하는 낭만주의 시대였다면
면, 20세기는 사실주의realism 시대였다. 사실주의는 인위적이지
않고, 예술적 관습이나 믿을 수 없는 이국적이고 초자연적인 요
소를 피하면서 주제를 진실하게 표현하려는 시도에 초점을 맞
춘다.

사실주의에 영향을 받은 많은 연극 예술가들은 평범한 삶의
사회적, 심리적 문제에 관심을 기울였다. 때문에 20세기 극장은
이전 세기와는 달리 20세기의 연극 문화 내에서 주로 유럽과 북
미에서 큰 변화를 겪는다. 이 과정에서 연극적 표현을 둘러싼
오랜 규칙에 대한 광범위한 도전이 이루어졌다. 그 결과 모더니
즘, 표현주의, 인상파, 황당한 정치극장 및 다른 형태의 (작은) 실
험극장을 포함한 새로운 형태의 극장이 많이 개발되어, 이미 확
립된 사실주의 연극 형식과 함께 지속적으로 발전하였다.

이 시기에는 여러 예술 사조의 등장과 더불어 영화가 출현하
여 성장을 거듭했다. 1895년 뤼미에르 형제가 시네마토그라프
를 선보인 이후, 새로운 기계를 만들어 내려는 발명가들의 노력
이 끊이지 않았다. 1897년 그리무아 상송Grimoin Sanson은 열기

| 그림 41 | 열기구 모형에서 영상을 관람하는 시네오라마.

구를 이용해 영화를 촬영 및 영사하는 시네오라마cinéorama를 개발했다. 시네오라마는 열기구와 유사한 체험을 할 수 있도록 만든 시각적 장치이다. 관람객이 동그란 모양의 바닥을 딛고 들어서면 위로 열기구 모형이 설치되어 있고 주변엔 열기구를 타고 올라가서 볼 수 있을 법한 풍경들이 펼쳐진다. 관객들이 서 있는 바닥 아래에 10대의 영사기가 둥글게 설치되어 동시에 화면을 영사한다. 이런 점에서 시네오라마는 세계 최초의 멀티스크린 시스템으로 여겨진다. 시네오라마는 원주가 1백 미터에 달했고, 70밀리미터 필름으로 촬영한 거대한 영상들을 투사했다. 하지만 시네오라마는 다소 불운한 시도였다. 10대의 영사기가 내뿜는 열기가 너무나 강한 나머지 단 네 차례의 상영을 끝으로

더 이상 상영이 허가되
지 않았던 것이다.

이와 비슷한 유사 체
험 기구로 헤일즈 투어
즈Hale's tours라는 것이
있다. 이는 조지 헤일
George C. Hale의 후원을

| 그림 42 | 열차 여행을 체험할 수 있는 헤일즈 투어.

받아 만든 의사疑似 열차 여행 장치이다. 관객들이 열차 내부와
비슷하게 생긴 공간에 들어가 앉으면, 창문 밖으로 풍경이 영사
된다. 70명 정도의 관객이 수용되는 객차 모양의 세로로 긴 방
의 정면에 스크린을 놓고, 실제로 질주하는 기관차에서 촬영한
움직이는 경치(팬텀 라이드phantom ride 영화라고 불렀다)를 스크린
후방에서 영사하는 방식이다. 단순히 영상만 보여 주는 것이 아
니라 객차도 스크린 속 움직임에 맞춰 움직이고 삐걱거리고 진
동하며, 기적도 울리고 실내에 인공 바람도 불어 지금의 4D 극
장과 유사했다. 10분에 10센트의 저렴한 가격으로 세계 관광 여
행을 즐길 수 있는 헤일즈 투어스는, 1908년까지 미국 전역의 5
백 곳에서 흥행할 정도로 인기가 높았다.

시네오라마의 한계를 극복한 헤일즈 투어스는 열차라는 모
빌리티를 이용하여 당시 사람들이 자주 그리고 일일이 다 가 볼
수 없는 세계 곳곳을 시각적 · 체험적으로 경험할 수 있게 했다
는 점에서 의미가 있다. 이미 촬영된 영상을 이동 수단인 열차

안에서 보고 체험하는 것과, 고대부터 현대까지 이어진 방식대로 무대에서 공연하는 연극을 감상하는 것은 공간감에서 큰 차이가 있다. 헤일즈 투어스는 열차를 그대로 재현한 장치를 이용하여 그전에는 시도하지 못했던 공간의 확장을 가능하게 했다. 헤일즈 투어스는 이렇게 영화 감상의 기구이면서 여행이나 이동 장치로서의 기능도 담당했다.[10] 즉, 헤일즈 투어스를 탄 사람은 관객이면서 동시에 여객이 되었다.

현재의 실내 영화관이 출현하기 전 영화는 이처럼 기구나 열차 등 모빌리티형 장치뿐 아니라 다른 장소에서도 상영되었다. 미국에서 1896년부터 1904년까지 큰 인기를 끈 영화 상영 공간은 보드빌 극장vaudeville theater이다. 이 극장은 19세기 말 미국과 캐나다의 뮤직 홀과 버라이어티 쇼의 융합으로 생긴 매우 대중적인 공간으로, 노래·춤·꽁트·마술·곡예를 비롯한 진기할 볼거리를 실연했다. 그중 영화가 라이브 반주와 함께 처음 상영되면서 주목을 받았다.

1890년대 중산층을 대상으로 호화롭고 중후하게 건립된 보드빌 극장은 1913년경 상설 영화관이 만들어지면서 원래 기능을

| 그림 43 | 로스앤젤레스의 보드빌 극장.

버리고 상설 영화관처럼 영화 전용관으로 변경된다. 보드빌 극장은 실연(각종 공연)에서 재현(영화)으로, 인간(실연자)에서 기계로(촬영장비로 촬영된), 일회성(한 번의 공연)에서 반복성(영화 반복 상영)으로 엔터테인먼트의 실행 방식을 이동시켰다는 점에서 의미가 있다. [11]

또한 앞에서 살펴본 바와 같이 이전까지는 귀족 및 남성 중심적이었던 공연 내용이 보드빌 극장에서는 여성 관객이 좋아하는 쇼로 바뀌었다. 1890년대까지는 모든 공연 및 상연 목록에서 성적 내용, 나쁜 품행(야유, 음주, 흡연, 잡담 등)을 가능한 한 배제하여 주야간 공연 할 것 없이 여성과 중산층을 위한 극장으로 탈바꿈하여 관객층의 변화를 도모했다. 이러한 경향은 단지 보드빌 극장에서 그친 것이 아니라 이후 상설 영화관이 생길 때도 지속되었다. [12]

상설 영화관이 건립되기 전 보드빌 극장 외에도 영화를 볼 수 있는 곳이 있었다. 상영기사가 영사기, 필름 등의 영화 상영 도구를 휴대하고 보드빌 극장이 없는 지방 소도시를 순회하며 오페라하우스나 교회, 텐트 등에서 영화를 상영하는 이동 순회형 극장이 그것이다. 그러다 임대 점포에 작은 의자를 놓고 입구를 암막으로 덮고 천을 스크린 대신 늘어뜨린 가설 영화관이 생겨났는데 이를 '가게 앞 극장store front theatre'이라고 불렀다.

가게 앞 극장을 운영하던 해리 데이비스Harry Davis와 존 P. 해리스John Paul Harris는 1905년 보드빌 극장의 상영 방식을 도입하여 단편영화밖에 없던 당시에 여행기영화, 실경영화, 희극영화, 멜로영화 등을 2시간 이상 볼 수 있게 했다. 단돈 5센트의 입장료만 내면 영화를 볼 수 있다고 해서 이 극장을 니켈로디언 nickelodeon(5센트를 뜻하는 니켈nikel과 극장을 뜻하는 그리스어 오디엄odeum의 합성어)이라고 했다. 이전까지는 영화 외에 다양한 공연도 함께 볼 수 있었는데, 니켈로디언은 미국 최초의 영화만 상영하는 상설 극장이었다. 저렴한 비용과 다양한 영화 상영으로 인해 니켈로디언은 미국 중서부 도시로 급속히 퍼져 나갔고 점차 미국 전역으로 확대됐다.

이 극장의 또 하나의 특징은 당시 영사기가 한 대뿐이어서 필

| 그림 44 | 5센트의 입잘료만 내면 영화를 볼 수 있는 니켈로디언 극장.

름을 교체할 때 빈 시간이 생겼는데, 그것을 메우기 위해 슬라이드 상영(필름 교체 중이라는 자막 상영)이나 일러스트 송(슬라이드 쇼를 겸한 합창)을 도입한 것이다. 일러스트 송은 보드빌 극장에서 이루어진 공연 중 하나인데 관객들이 함께 노래 부르는 것을 즐겼던 데에서 착안하여 도입한 것이다. 즉, 단지 시간을 메우기 위해서만이 아니라, 관객들에게 또 하나의 즐거움을 선사하면서 과거의 방식을 이어받는 역사적 순간이었다. 영화관에서 관객 참여형 라이브 쇼가 펼쳐진 것이다.

일러스트 송이 좋은 반응을 얻자, 니켈로디언은 거기에 중점을 두었다. 그전까지 무성영화가 대부분을 차지하는 상황에서 니켈로디언에서는 비록 필름 교체 순간에 나오는 슬라이드 영상이지만 함께 노래할 수 있었고, 이것이 꽤 인기를 끌었다는 것은 유성영화에 대한 관객들의 수요가 컸음을 짐작할 수 있게 한다.[13] 일러스트 송이 끝나고 나면 피아노 반주가 잠깐 이어지다가 불이 켜지면서 관람 매너에 관한 슬라이드를 상영한 뒤 두 번째 영화 상영이 시작되고, 세 번째 영화도 이런 패턴으로 이어졌다. 당시 영화는 러닝타임이 짧았기 때문에 하루에 최대 7편까지 상영되었다. 관객들은 다양한 영화를 즐기기 위해 니켈로디언에 대거 입장했고, 이는 영화관의 발전에 크게 이바지했다.

니켈로디언은 1905년부터 1914년까지 10년간 많은 사람들에게 즐거움을 주었는데, 특히 당시 미국으로 이주한 이민자들의 사랑을 받았다. 영어를 모르는 수많은 이민자들이 니켈로디언에서 일러스트 송의 슬라이드 영상을 보며 영어로 노래를 부를 기회를 가질 수 있었다. 이처럼 영화를 즐기는 이민자들이 늘어나고 니켈로디언을 방문하는 횟수가 많아지자 〈유대인 여성의 사랑 이야기〉(1909), 〈유대인 여성의 마음〉(1913), 〈유대인의 크리스마스〉(1913) 같은 영화가 상영되었다. 미국으로 이주한 유대인들이 겪는 어려움과 현실적인 문제를 멜로 플롯에 담은 이 영화들은 이민자들의 공감을 샀다. 유대인뿐 아니라 이탈리아인이나 중국인들을 위한 영화도 상영되면서, 이민자들은 영화를 통해 미국에서 어떻게 동화되고 정체성을 찾고 살아가야 하는지 고민하게 되었다. 영화관이 단순히 오락을 위한 장소가 아니라 공공적·사회적 기능을 수행하면서 영화관의 역할이 확장되기도 했다.

그러나 장편영화의 출현으로 영화 상영 시간이 길어지면서 니켈로디언의 반복 패턴은 쇠퇴하기 시작했다. 당연히 일러스트 송도 사라졌고 시끌벅적한 합창과 잡담의 공간이었던 영화관은 정숙의 공간으로 변모하면서 관객을 영화 자체에 몰입시키는 데 집중하게 되었다.

니켈로디언이 사라져 갈 무렵 새로운 영화관인 영화궁전이 등장했다. 영화궁전은 지역마다 자리 잡은 다양한 니켈로디언과의 차별화를 도모하기 위해 극장 외관의 장식에 신경을 썼다. 1927년에 개관한 뉴욕 록시극장Roxy Theatre은 세계 최대 극장이라고 불릴 만큼 거대한 영화궁전으로, 외관뿐만 아니라 내부에도 여러 화려한 것들로 채워졌다. 샹들리에, 고급 화장실, 고급 가죽 소파, 프랑스 골동품 가구 등 니켈로디언에서는 볼 수 없는 시설이 가득했다.

영화궁전에서는 니켈로디언처럼 다양한 영화가 아니라 단편 뉴스영화, 실경영화, 희극영화가 정연한 순서대로 상영되었고 이후 장편영화로 옮겨 갔다. 이민자들을 위한 영화도 점차 사라져 미국인들이 관람객의 대부분을 차지하게 되었다. 즉, 영화궁전은 영화와 관람객의 다양성을 상실하면서 영화의 종류와 관람객을 한정시켰다.

호화로운 영화궁전은 그러나 1920년대 말 대공황을 거치면서

| 그림 45 | 호화로운 뉴욕의 록시 극장.

쇠퇴의 길로 접어들고 새로운 영화관이 등장했다. 1930년대 신축 영화관은 필요 없는 극장 내외부 장식을 다 배제하고 기능적인 극장으로 건축되었다. 또한 당시 흑인이나 기타 다른 인종은 영화궁전이나 신축 영화관을 이용할 수 없었기 때문에 그들을 위한 전용 영화관도 등장했다. 이처럼 오락에서도 인종에 따른 배제로 인해 인종차별 문제가 대두되었다.

현대 2, 자동차 모빌리티 영화관과 시네마 콤플렉스의 등장

지금은 자동차극장이 그리 특별하다는 생각이 들지 않을 정도로 대중화되었지만, 1933년 미국 뉴저지에 처음 자동차극장이 등장했을 때만 해도 주차장과 영화관을 합친다는 발상은 대단히 획기적인 아이디어로 많은 이들의 눈길을 끌었다. 이 새로운 형태의 자동차극장은 제2차 세계대전 후부터 본격적으로 유행하면서 확산되었다.

자동차극장은 차에 탄 채로 영화를 볼 수 있으므로 상설 영화관보다 건립 비용이 훨씬 저렴했다. 또한 어린 자녀가 있어서 영화관에 갈 수 없는 부부에게 매우 유용했다. 자동차극장은 영화관 자체의 변화뿐만 아니라 자동차 판매량의 증가를 비롯하여 사회적으로 많은 변화를 이끌었다. 자동차극장에는 자동차

정비 및 세차 시설, 카페테리아가 들어섰으며, 자동차 사이를
다니며 간식을 파는 이동형 매점도 등장했다. 자동차라는 모빌
리티 안에서 야외에 설치된 스크린을 통해 영화를 본다는 것은,
개인화된 공간에서 마음껏 먹으면서 편하게 여가를 즐길 수 있
다는 의미였다. 이러한 모빌리티 극장의 등장은 니켈로디언 시
대에 영화를 즐겼던 사람들의 영화관 이용 행태를 변화시켰을
뿐만 아니라, 당시 공적이고 사회적 역할을 담당했던 영화관의
기능을 사적이고 개인적인 공간으로 이동시켰다.

　자동차극장에 이어 주차장과 호텔을 합쳐 만든 극장모텔이
등장하고, 영화관이 없는 시골 마을에서는 광장이나 넓은 장소
에서 옥외 상영회가 열리기도 했다. 그리고 이들 자동차극장,
극장모텔, 옥외 극장 주변에는 쇼핑센터가 들어섰다. 영화를 관
람하러 오는 많은 사람들이 영화를 보기 전이나 후에 생필품을
구입할 수 있다는 것을 노린 것이다.

　자동차극장은 1970
년대 들면서 쇠퇴하
게 된다. 텔레비전
과 비디오의 보급으
로 밖으로 나와 영화
를 관람하는 관객의
수가 대폭 줄어들 것
이다. 이에 미국의 많

| 그림 46 | 최초의 자동차극장.

은 극장들은 불황을 타개하고자 원스톱 엔터테인먼트one stop entertainment를 목표로 '시네마 콤플렉스cinema complex' 혹은 '멀티 플렉스multiplex'를 건립하였다. 이곳에서는 영화를 관람하는 방식도 달라졌다. 시네마 콤플렉스는 크고 작은 다수의 상영관에서 각기 다른 영화를 상영하기 때문에 마치 쇼핑할 때 물건을 고르듯 각자 보고 싶은 영화를 선택할 수 있다. 또한 영화 관람뿐만 아니라 쇼핑, 레저, 게임, 식사, 만남 등을 이곳에서 모두 해결할 수 있게 되었다.

한편, 시네마 콤플렉스가 사람들의 발길을 영화관으로 돌리게 한 배경에는 블록버스터 영화가 있었다. 블록버스터 영화는 1970년대 중반 영화 〈죠스jaws〉가 성공하면서 부각되기 시작했다. TV 시청에 푹 빠진 사람들의 발길을 영화관으로 돌리려면, TV로는 경험할 수 없는 스케일이 크거나 화려한 영상미를 보여 주는 블록버스터 영화가 필요했다. 블록버스터 영화는 한 편의 영화를 만들고 홍보하는 데 막대한 자금이 투입되고 고수익의 획득을 목적으로 하는데, 인기 있는 블록버스터 영화의 경우 시네마 콤플렉스 내 여러 관에서 상영할 수 있기 때문에 관객 입장에서는 시간 선택의 다양성이 확보되고 제작사 입장에서는 매출을 올릴 수 있는 기회가 되었다.

현대 3, N스크린 속의 OTT 영화

영상 콘텐츠는 크게 TV 프로그램과 극장에서 상영되는 영화로 나눠진다. 그중 집안에서 시청할 수 있는 TV가 한동안 즐길거리를 제공하는 가장 대표적인 매체로 인식되었으며, 여가 시간을 보내는 방법에서도 오랜 기간 1위를 차지해 왔다. 브라운관, LCD, 스마트TV 등 TV 기술은 발전을 거듭했지만, 그 사이 휴대폰의 발전 및 급속한 보급으로 콘텐츠를 즐기는 방법도 변화를 맞게 된다. TV 콘텐츠를 즐길 때에는 대부분 소파에 앉거나 벽에 기대어 장시간 시청하지만(린 백Lean Back), 휴대폰은 말 그대로 휴대한 채 집에서나 밖에서나 시공간의 제약 없이 콘텐츠를 즐길 수 있다. 이에 따라 사람들의 콘텐츠 시청 시간은 기존 레거시 미디어의 콘텐츠 향유 시간과 달리 짧고, 그러다 보니 콘텐츠의 러닝타임도 길지 않다. 이를 '스낵컬처 콘텐츠snack culture contents' 혹은 '숏폼 콘텐츠short form contents'라고 한다.

또한 영화관에서 상영하거나 TV에서 방영하는 콘텐츠는 사용자가 플레이를 중단하거나 다시 플레이하는 등의 컨트롤을 할 수 없지만, 휴대폰으로 제공되는 콘텐츠는 컨트롤이 자유롭고 원하는 장면을 캡처하거나 자기 나름의 방식으로 편집도 할 수 있다.

휴대폰 및 디지털 기기의 보급은 초고속 인터넷 네트워크와 클라우드 서비스와도 관련이 있다. 스트리밍 방식으로 끊김 없이 콘텐츠를 시청할 수 있게 되면서 다양한 방식의 서비스와 콘텐츠가 쏟아져 나오게 되었는데, OTT(Over the Top)도 그중 하나다. OTT는 기존의 통신 및 방송 사업자와 더불어 제3 사업자들이 인터넷을 통해 드라마나 영화 등의 다양한 콘텐츠를 제공하는 서비스를 말한다. Top은 TV에 연결되는 셋톱박스를 말하는데, 초기 OTT는 TV 셋톱박스와 같은 단말기를 이용하는 인터넷 기반 동영상 서비스를 의미했다. 그러나 현재는 셋톱박스 유무와 상관없이 PC, 노트북, 스마트폰 등의 단말기뿐만 아니라 기존의 통신사나 방송사가 추가적으로 제공하는 인터넷 기반 동영상 서비스를 모두 포괄하는 개념으로 사용되고 있다.[14] 즉, Over the Top은 셋톱박스를 거치지 않고 넘나든다는 뜻이다.

OTT 등장 이후 케이블TV 가입자들이 케이블TV 시청을 중단하고(이를 코드 커팅code cutting이라고 함) 넷플릭스Netflix, 홀루Hulu 등의 OTT로 옮겨 가고 있다. 미국이나 국내 모두 OTT

| 그림 47 | 미국 내 코드 커팅 전망.

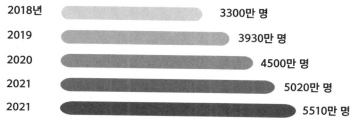

연도	수치
2018년	3300만 명
2019	3930만 명
2020	4500만 명
2021	5020만 명
2021	5510만 명

자료: 이마케터

서비스 가입자가 해가 갈수록 늘어나면서 시장 규모가 커지고 있다. 이는 시청 행태의 이동을 의미하는데, 그러다 보니 TV 프로그램의 실시간 시청률은 낮아지고 OTT 서비스를 통한 VOD 시청이 증가하고 있으며, 특히 모바일 기기를 사용하여 OTT 서비스를 이용하는 젊은 층이 큰 비중을 차지하고 있다. 또한, OTT 서비스로 이용할 수 있는 콘텐츠 종류도 단순 동영상뿐만 아니라 뉴스, 교육, 생활정보 등 다양하게 확대되고 있다.[15]

| 그림 48 | 국내 OTT 시장 규모 추이.   (단위: 원)

7801억
5136억
3069억
1092억
1085억

2012 2014 2016 2018 2020년

자료: 방송통신위원회

OTT 이용의 증가는 소비자들의 변화하는 요구를 기존의 방송 서비스가 제대로 충족시키지 못했다는 점에서 그 배경을 찾을 수 있다.[16] 지상파 방송이나 케이블TV 채널들은 시청자 개개인의 취향을 고려하지 않고 일방적으로 프로그램을 편성하고 방송한다. 시청자는 방송하는 대로 수동적으로 시청할 수 밖에 없고, 채널 선택도 제한적이어서 좋아하는 프로그램을 한 번binge-watching에 볼 수 없으며 선호하는 프로그램이 상영될 때까지 기다려야 한다. 반면 OTT 서비스는 시청자가 필요한 것만 골라 볼 수 있기 때문에 기존의 방송 서비스에 비해 소비자들의 욕구에 훨씬 더 부합한다. 또한 N스크린(영화·음악 등 하나의 콘텐츠를 N개의 기기에서 이용하는 것)을 사용하는 지금의 사용자들은 휴대폰, 태블릿PC 등에서 OTT 서비스 콘텐츠를 보면서 동시에 다른 일을 하기도 한다. 콘텐츠에 집중하거나 집중하지 않거나를 선택적으로 할 수 있게 된 것이다.

게다가 종래에는 영화는 영화관에서, 드라마나 예능 프로그램은 TV로 플랫폼을 구분해서 즐겼지만 OTT 서비스의 출현으로 시청자들은 빅데이터를 기반으로 한 맞춤형 콘텐츠를 제공받고 여러 나라의 TV 프로그램이나 영화 등의 동영상 서비스를 시청할 수 있다. 또한 OTT 서비스를 이용하는 소비자는 언제, 어디서, 어떤 기기로 무슨 콘텐츠를 이용할지 스스로 결정할 수 있다. 채널 선택권이 아니라 개별 프로그램 선택권을 누리면서 시간과 공간의 제약도 받지 않게 된 것이다.[17] 즉, OTT의 등장은 콘텐츠를 즐기는 데 있어서 물리적인 시간과 공간의 고정성과 한계성을 파괴하고, 영화관과 TV라는 하드웨어를 뛰어넘어 플랫폼과 채널 중심으로 콘텐츠 향유 생태계를 변화시키고 있다.

OTT의 대표 주자인 넷플릭스는 비디오 대여업으로 출발하여, 2007년 DVD와 영화를 스트리밍 방식으로 볼 수 있는 서비스를 시작했다. 넷플릭스는 이미 많은 영화를 보유하고 있어서 그렇지 않은 업체에 비해 큰 경쟁력을 갖고 있었다. 넷플릭스는 넷Net(인터넷)과 플릭스Flicks(영화)의 합성어로 그 이름에서 사업의 목적이 분명히 드러난다. 넷플릭스는 비디오를 대여하는 배달 서비스 업체에서 OTT로 체제를 바꾸면서 콘텐츠 서비스 업체로 업종 전환에 성공했다.

넷플릭스는 미국 시장에만 머무르지 않고 캐나다, 남미, 유럽, 호주, 일본, 그리고 한국에 진출하여 세계화를 진행했다. 이는 서비스의 확산과 동시에 특정 OTT로의 균질화를 가져왔다. 처음 국내에 넷플릭스가 상륙했을 때는 반응이 썩 좋지 않았다. 볼 만한 콘텐츠가 없다는 의견이 지배적이었으나 시간이 지나면서 넷플릭스가 자체 제작한 오리지널 콘텐츠, 넷플릭스에서만 상영하는 영화, 그리고 드라마 시리즈 전편을 한 번에 오픈하는 등의 서비스가 인기를 끌면서 가입자가 늘어났고, 이제는 주 오락거리이자 여가의 장이 되었다. 또한 넷플릭스에 가입할 때 가입자의 취향을 물어보고 그에 맞는 콘텐츠를 추천해 주는 방식은, 고대부터 현대 초의 물리적인 극장과 TV에서는 찾아볼 수 없는 획기적인 방식이었다.

넷플릭스는 빅데이터를 분석하여 가입자의 기호를 파악하고 그에 맞는 콘텐츠를 추천한다. 가입자가 주로 클릭하는 영화의 장르, 콘텐츠를 보다가 어느 부분에서 멈추고 되감기를 하는지, 그것을 몇 번이나 반복하는지 등을 종합적으로 분석하여 가입자의 기호에 맞는 맞춤형 콘텐츠를 제공하는 것이다. 이러한 추천 알고리즘에 따라 넷플릭스는 고객이 영화를 보고 난 후 '당신이 좋아할 것으로 생각되는 영화'(다른 OTT도 동일)를 추천한다. 이는 전체 넷플릭스 매출의 60퍼센트를 만들어 내는 핵심 기술이다.

오직 넷플릭스에서만 볼 수 있는 '넷플릭스 오리지널Netflix Original' 콘텐츠도 가입자를 유인하고 유지하는 데 큰 역할을 하고 있는데, 여기에도 빅데이터 분석 기술이 활용된다. 넷플릭스 오리지널 콘텐츠 중 가장 대표적인 작품인 〈하우스 오브 카드 House of Card〉를 제작할 때, 빅데이터 마이닝 과정을 통해 정확한 데이터를 기반으로 감독과 배우를 선정했다.

'디즈니 플러스Disney Plus', 국내의 '왓챠플레이Whatchaplay' 등의 OTT도 자체 추천 방식으로 콘텐츠를 서비스하며, 직접 제작한 오리지널 콘텐츠나 다른 OTT에서는 볼 수 없는 콘텐츠를 확보하여 시청자를 유인하고 있다.

4장

영화가 말하는
디아스포라 모빌리티

디아스포라 개념을 중심으로 사람들의 이주, 저항, 정착, 문화 생성, 그리고 공동체 형성 등을 다룬 영화를 살펴보고, 그 속에서 모빌리티와 디아스포라가 어떻게 드러나는지 알아보자.

유대인, 디아스포라를 생성하다

디아스포라Diaspora는 '씨의 흩뿌려짐'을 뜻하는 그리스어 διασπορά에서 온 말이다. '~너머'를 뜻하는 '디아dia'와 '씨를 뿌리다'는 의미의 '스페로spero'가 합성된 단어로 파종播種, 이산離散을 의미한다.

고대 그리스인들이 소아시아(아나톨리아)와 지중해 연안을 무력으로 정복하고 식민지로 삼은 뒤 그곳으로 자국민을 이주시켜 세력을 확장하였는데, 이때의 디아스포라는 이주와 식민지 건설을 의미하는 능동적이고 긍정적인 의미였다. 이후 유대인의 유랑流浪을 의미하는 용어로 쓰이면서 디아스포라는 부정적인 의미를 갖게 되었다.[1] 디아스포라를 대문자 D를 사용해 'Diaspora'라고 쓸 때는 팔레스타인을 떠나 세계 각지에 흩어져 살면서 유대교의 규범과 생활 관습을 유지하는 유대인을 지칭하며, 소문자 d를 사용해 'diaspora'로 쓸 때는 앞의 의미가 확장되어 본토를 떠나 타지에서 자신들의 규범과 관습을 유지하며 살아가는 민족 집단 또는 그 거주지를 가리키는 용어, 즉 흩어져 사는 사람과 흩어져 사는 공간을 동시에 지칭한다.[2] 국제 이주, 망명, 난민, 포로 수용, 강제징용, 추방, 이주노동자, 소수민족 공동체 등이 여기에 해당한다. 나아가 탄압이나 국가적 문제 때문이 아니라 자발적으로 취업이나 유학·이민을 목적으로 타국에 정착해 사는 경우도 포함하여 디아스포라를 탈영토화된 것으로 해석한다. 최근에는 현대사회의 문명 발달과 함께 물리적 세계 외에도 가상 세계의 이주민 커뮤니티와 소셜 미디어까지 포함하게 되면서 용어 사용에서 이주민과 디아스포라의 경계가 불분명해지고 있다.

역사적으로 볼 때, 디아스포라는 헬레니즘 시대와 초기 그리스도교 시대 그리스 주변 지역과 로마 세계에서의 유대인 이산을 가리킨다. 기원전 734~기원전 721년 팔레스타인 북부를 차지하고 있던 이스라엘 왕국은 아시리아의 침입을 받아 멸망하여 아시리아의 영토에 편입되었다. 이를 계기로 많은 유대인이 고향을 떠나 팔레스타인 바깥쪽으로 퍼져 나가기 시작한 것으로 추정된다. 이후 기원전 598~기원전 587년 바빌로니아인의 침략으로 남쪽의 유대인 왕국인 유다 왕국이 멸망하자 비슷한 이주 현상이 재현되었다. 이러한 역사적 사건들을 겪으면서 많은 유대인이 자의 또는 타의로 다른 지역, 특히 이집트로 이주했다.

기원전 4세기 초 알렉산드로스 대왕이 페르시아제국을 정복하자, 근동에서는 그리스인의 통치를 받으며 파급된 그리스 문화의 영향으로 문화적 혁신이 일어나고 또한 교역과 상업의 급속한 발달과 알렉산드로스의 후계자들이 취한 이민 장려 정책으로 유대인의 이산이 촉진되었다. 유대인들은 이러한 흐름에 매우 능동적으로 반응하여, 기원전 1세기 말엽에는 시리아·이집트·소아시아·메소포타미아·그리스·이탈리아에 많은 유대인 공동체가 나타났다. 〈사도행전〉 2장 9~11절에 바르티아Bhartia·메대Mede·엘람Elam·메소포타미아·유다Judas·갑바도기아Cappadocia·본도Pontus·아시아Asia·프리기아Phrygia·밤필리아Pamphylia·이집트·키레네Cyrene·로마Roma·그레데Cretes·아라비아Arabia에 거주하는 유대인들이 언급되고 있다. 디아스포라의 가장 큰 중심지는 로마제국의 3대 도시인 로마·안티오키아·알렉산드리아였다.

유대인이 안티오키아에 정착한 것은 기원전 150년 이후였다. 로마에는 그보다 늦은 시기에 정착했으나 규모가 크고 부유했고, 알렉산드리아의 유대인들은 영향력이 가장 컸다. 디아스포라 유대인 학자인 필론Philon에 의하면, 알렉산드리아에만 약 100만 명의 유대인이 거주했다고 한다. 디아스포라 유대인은 본토인 팔레스타인의 유대인보다 그리스 문화에 훨씬 개방적이어서 히브리어와 아랍어를 사용하던 극소수를 제외하고는 대부분 그리스어를 상용하였다. 그들은 헬레니즘 문화권 도시들에서 주로 수공업과 무역에 종사하며 본토 유대인보다 높은 수입을 올렸으며, 알렉산드리아 같은 곳에서는 원주민보다 높은 지위도 얻을 수 있었다. 로마의 시민권이 제국의 여러 곳으로 확대될 때 사도 바울처럼 시민권을 얻은 사람도 많았다.

알렉산드리아는 그리스 학문의 중심지로 유대적 헬레니즘 학문이 꽃피었던 곳이다. 그곳의 유대인들은 구약성서를 그리스어로 번역한《70인역譯 성서Septuagint》를 출간하여 그리스도교에 큰 영향을 끼쳤으며, 필론을 비롯한 많은 학자와 저술가를 배출하였다. 디아스포라 유대인은 그리스 문화에 젖어 살면서도 팔레스타인을 정신적 고향으로 여겨 예루살렘과 밀접한 관계를 맺고 성전과 성직자들을 후원하였다. 팔레스타인에서 하느님에 대한 제사는 오로지 성전인 예루살렘에서만 거행하도록 규정되었으므로, 디아스포라에 시나고그synagogue라는 종교적 회당이 생겨났으며 그것이 팔레스타인으로 역수입되었다. 실제로 유대인의 정신적 지주인 예루살렘이 파괴된 이후 유대교가 살아남을 수 있었던 것은 시나고그를 통해서였다. 이 회당 조직이 사도 바울이 전도 여행을 전개하는 통로가 되기도 했다.

한편 디아스포라로 인해 반反유대인적 풍조가 발생하기도 했다. 유대인들의 민족적 배타성과 경제적 번영, 특권들로 인하여 많은 도시에서 유대인을 대상으로 한 외국인 혐오가 확산된 것이다. 안티오키아 · 알렉산드리아 · 체사레아Caesarea 등지에서 반유대인 폭동이 일어났고, 법정에서는 유대인에게 무거운 벌금이 부과되었다. 알렉산드리아에서 지속된 반목은 결국 칼리굴라Caligula(로마제국의 제3대 황제)의 박해로 이어져, 필론을 단장으로 하는 대표단이 로마 법정에 박해를 중지해 달라고 호소하기에 이르렀다. 이 박해는 결국 칼리굴라가 암살당하면서 끝났다. 반유대적 편견은 키케로Cicero와 페르시우스Persius, 세네카Seneca, 퀸틸리아누스Quintilianus, 타키투스Tacitus 등* 로마를 대표하는 문학가들에게서도 나타난다. 이는 2천 년 동안 전 유럽과 중근동에서 여러 형태로 나타난 집요하고도 비이성적인 반유대주의와 같은 맥락에서 이해된다.[3]

유대인들의 디아스포라 경로는 크게 세 갈래로 나뉜다. 이베리아반도 방면의 세파르디Sefardi, 독일 중심의 중유럽과 동유럽 방면의 아슈케나지Ashkenazim, 그리고 중동과 아프리카 방면의 미즈라히Mizrach이다(그림 49 참조).

먼저 이베리아반도로 향한 유대인은 세련된 유대인 사회를 구축하여 세파르디 유대인의 선조가 되었다. 이들은 중세 시대에 학자·실업가 등을 다수 배출하며 황금기를 누렸으나, 15세기 말부터 스페인에서 추방되어 남유럽·중동·남미로 다시 이산했다.

한편, 중유럽과 동유럽에 도달하여 자리를 잡은 유대인은 아슈케나지 유대인의 선조가 되었다. 이들은 유럽 기독교의 배척을 받아 9~10세기 사이에 서유럽·중유럽으로 이주하였고, 이후에 동유럽의 여러 지역까지 퍼져 나갔다. 19세기 무렵 유럽

◆ 키케로는 로마의 수사학자이자 철학자, 페르시우스는 스토아의 시인, 세네카는 1세기 중엽 로마의 실질적 통치자이자 지식인, 퀸틸리아누스는 로마제국의 수사학자 및 고전비평가, 타키투스는 로마제국의 정치가이자 역사가이다.

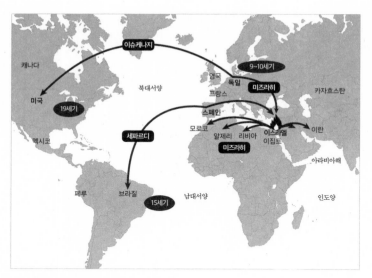

| 그림 49 | 디아스포라와 유대인의 이동.

지역에서 박해를 받던 아슈케나지 유대인이 대거 미국으로 이민을 떠났고, 나중에 이들 미국계 유대인이 이스라엘 건국의 중심 세력이 되었다.

중동과 북아프리카로 간 유대인은 서쪽으로는 모로코에서 동쪽으로는 아프가니스탄에 이르기까지 확산되면서 미즈라히 유대인의 선조가 되었다. 미즈라히 유대인은 중세 시대에 유대인의 절반을 차지할 정도로 광범위한 지역에 뿌리를 내리고 살았다.

유대인들은 1948년, 미국을 비롯한 유럽 국가들의 지원을 받아 그들의 성지 예루살렘이 있는 팔레스타인에 유대인 국가 이스라엘을 세웠다.[4]

경계인, 디아스포라의 위치

디아스포라는 '경계인 집단' 혹은 '경계에 서 있는 자', '경계에 있는 공간'이라고 할 수 있다. 디아스포라는 본향에 일정한 정도의 소속감을 갖고 있지만 타향에 머물고 있다는 점에서 심적인 소속과 물리적 소속이 일치하지 않아 경계에 머무르고 있는, 즉 고향과 타향의 중간 지대에 있는 것이다.[5]

디아스포라는 거주국에서 비非주체적이며 이질적인 존재이므로 이방인(또는 경계인)이라는 숙명적 경험을 할 수밖에 없는 존재이다. 또한 이들은 모국으로부터도 민족 자산으로 인정받아 수용되거나 조국을 저버린 배신자로서 배제되기도 한다. 베르버너P. Werbner는 이러한 디아스포라의 상황을 '디아스포라 위치place of diaspora'[6]라고 정의하였다. 즉, 거주국에서 포용되거나 차별받거나, 모국에서 자산으로 여겨지거나 아예 배제되는가에 따라 디아스포라의 위치가 결정됨을 뜻한다.

디아스포라의 위치는, 거주국과 디아스포라의 관계, 모국과 디아스포라의 관계, 그리고 국제환경(정세)과 디아스포라의 관계에 따라 세분화해서 볼 수 있다.

첫째, 거주국의 소수민족(이민자) 정책, 디아스포라의 사회적 지위, 거주국의 이데올로기와 문화 등이 디아스포라의 생존 환경에 압박이 되기도 하고 기회 요인이 되기도 하여 디아스포라의 위치 설정에 영향을 미친다. 거주국과 디아스포라 간의 갈등이 심할 경우 디아스포라의 민족 정체성은 스스로 강화되는 반면, 거주국이 디아스포라에 포용 정책을 펼치고 디아스포라 민족과 거주국 원주민 간에 갈등이 크지 않을 때 디아스포라는 거주국에 동화된다.

둘째, 본국이 디아스포라에 대해 친화적이고 우호적일 때 디아스포라는 타국에 거주하지만 본국에 대한 신뢰를 바탕으로 협력하고 본국의 발전에 기여하게 된다. 반면, 본국이 디아스포라에 무관심하거나 배척할 경우 디아스포라도 본국에 대해 방관하거나 냉담해진다.

셋째, 탈냉전 · 탈세계화 · 초국가화 · 다문화화 등의 보편화, 일반화, 가속화는 이산 · 이동 · 이주라는 모빌리티를 당연하게 받아들여 과거 디아스포라에서 발생했던 문제들을 사라지게 하거나 줄어들게 할 수 있다.[7]

로저스 브루베이커Rogers Brubaker[*]는 디아스포라 위치를 다음과 같은 세 가지 경향으로 규정했다. 국경선을 넘거나 국경선 내에서의 공간적 이산 경향에 따른 디아스포라 위치, 궁극적인 귀향을 목적으로 실제 고향이나 상상의 고향의 가치와 정체성에 대한 지향과 문화적인 연관 관계를 유지하는 고향 지향성에 따른 디아스포라 위치, 이주한 사회와 구별되는 배타적이고 독립적인 집단성과 정체성을 유지하려는 경계 유지 경향에 따른

---

[*] 캘리포니아대학교 사회학 교수. 민족성, 민족주의에 관한 글을 썼다.

디아스포라 위치가 그것이다.[8]

디아스포라 논의에서 거주국에서의 적응·정착·동화에 집중하느냐 아니면 부적응·유동 혹은 부유를 부각하느냐에 따라 양상이 달라지며 디아스포라 콘텐츠인 문학·영화·드라마 등에서도 시각 차이가 드러난다. 전자에만 집중하면 그들이 거주국에서 자리를 잡는 과정과 애환이 미화될 우려가 있고, 후자에 집중할 경우에는 계층·권력·자산의 차이에 따른 유동성을 구분해서 살펴봐야 한다. 현대인들은 추방이나 망명보다는 직업적 필요나 기타 여러 가지 일을 하기 위해 자발적으로 여기저기 돌아다니는 노마드적 성향을 띤다. 동시에 여전히 국내 정세의 불안정으로 본국에서 탈출하거나 추방당하여 어쩔 수 없이 난민이 되어 이 나라 저 나라를 떠도는 유랑으로서의 유동성도 있다. 흩어져서 돌아다닌다는 측면에서는 두 경우 모두 이산과 유동의 의미를 공유하고 있지만, 발생 원인과 방향성 및 결과는 동일하지 않다. 뿐만 아니라 네트워크와 소셜 미디어를 종횡무진 유동하는 수많은 네티즌들의 행위를 같은 것으로 볼 수 있을까.

로빈 코헨Robin Cohen**은 디아스포라를 목적에 따라서 다섯 가지로 유형화했다. 피해자Victim(희생자) 디아스포라, 노동Labor 디아스포라, 통상Trade(무역·교역) 디아스포라, 제국Imperial(식민지)

** 영국 옥스퍼드학교 국제이주연구소장을 역임했고, 현재 개발학 명예교수로 있다. 이주, 디아스포라, 세계화 등에 관해 연구한다.

디아스포라, 그리고 탈영토화Deterritorialization 디아스포라이다.

피해자(희생자) 디아스포라는 유대인 · 아프리카인 · 아르메니아인처럼 정치적 박해나 노예, 민족 학살 등의 사유로 본토를 떠나 타국에서 유랑 생활을 하는 경우를 말한다. 이들은 어쩔 수 없이 유랑 생활을 하기 때문에 본국을 그리워하면서도 생존을 위해 거주국에 적응할 수밖에 없는 경계인으로서 살아간다. 또한 그들은 그러한 상황 속에서도 자신들만의 디아스포라 공동체 공간을 만들어 살아간다.

노동 디아스포라는 아프리카인나 스페니시들이 노동을 제공하고 돈을 벌기 위해 다른 나라로 이주한 경우, 구한말 광고를 보고 돈을 벌기 위해 멕시코 용설란(에네켄) 농장에 취업했던 조선인, 70년대 외화벌이를 위해 독일로 파견된 한국인 광부나 간호사들이 여기에 해당한다.

통상(무역 · 교역) 디아스포라는 백인들에 의해 아프리카인들이 설탕 · 면 · 럼 등의 원료와 교환되어 유럽 및 남북아메리카로 강제 이주하게 된 경우를 비롯하여, 상업의 확산으로 교역망이 발달하여 다른 지역으로 대규모 영구 이주가 일어나는 경우를 말한다. 7세기 이후 이슬람 상인들이 바닷길을 통해 북아프리카 · 동남아시아 등지와 교역을 하면서 무역로의 주요 거점에 이슬람 공동체가 만들어지고 이들 거점을 중심으로 디아스포라가 생겨났다. 예를 들어 동남아시아의 플라카Malacca의 경우 한때 인도 출신 이주민들이 사는 작은 마을에 불과했으나, 무역의 발전으로 13세기 무렵 거대한 이슬람 상인 공동체로 발전하였다.[9] 아르메니아 상인들도 주요 거점을 중심으로 교역 연결망을 연결하면서 교역 디아스포라를 형성했다.[10]

제국(식민지) 디아스포라는 포르투갈이나 스페인, 그리고 유럽 다수의 국가들이 남아메리카나 아시아에 식민지를 세우는 과정에서 생겨났다. 포르투갈은 대항해시대부터 해외 식민지를 개척해 온 식민지 경영 전문 국가로 남아메리카의 브라질, 아프리카의 기니비사우 · 앙골라 · 모잠비크, 아시아의 마카오와 고아Goa · 다만Daman · 디우Diu · 동티모르Timor-leste 등 세계 각지에 거점을 건설하고 식민지 착취를 통해 얻은 지하자원과 농산물 등으로 국부를 축적했다. 이 과정에서 식민지의 정치와 행정을 담당할 관료들이 해당 지역으로 이주했고, 포르투갈령 아프리카 식민지에서는 교육을 받은 현지 원주민이 포르투갈의 전문직이나 행정부 · 교육 · 위생기관 및 민간기업에서 비교적 고위직에 임명되는 것이 허용되었다. 또한 식민 시대 초기부터 포르투갈인과 현지인의 통혼이 매우 일반적인 현상이었으며, 포르투갈인뿐만 아니라 원주민에게도 초중등교육과 기술교육 기회를 보장했다. 즉, 포르투갈 정부는 식민지인들을 동화시키고 식민지 건설을 공고히 하기 위해서 행정 및 교육, 그리고 다방면에서 혜택을 주었다. 이후 식민지 국가들이 독립하면서 포르투갈의 힘은 약해졌지만 식민지 국가 곳곳에는 포르투갈의 흔적이 남아 있다.

탈영토화 디아스포라에서 '탈영토화'는 어떤 사물의 용도가 하나의 구조나 체계를 벗어나려는 경향, 억압과 통제를 벗어나 탈주하려는 분열적 흐름을 뜻한다. 이는 문화 디아스포라라고도 불리는데 특히 카리브해 지역 문화에서 그 특징을 찾아볼 수 있다. 카리브해 문화는 아프리카, 아메리칸 인디언의 영향을 받았을 뿐만 아니라 유럽 문화도 혼합되고 아시아 문화의 영향도 발견된다. 예컨대, 이 지역에서 발생한 유명한 대중음악 장르인 레게Reggae는, 자메이카의 도망 노예 집단에서 일어난 라스타파리안Rastafarian◆ 종교운동에서 생겨난 것이다.

카리브해 지역 문화의 생성 배경을 살펴보면, 카리브해 연안 국가들은 스페인 정복 이후 세계 권력의 중심지들과 뒤얽히게 되었고, 영국 및 프랑스 등 유럽인의 부를 충족시켜 주기 위해 아프리카 서해안에 위치한 여러 국가에서 흑인 노동력을 데려다 설탕과 커피를 재배했다. 이 과정에서 서로 다른 특성을 지닌 유럽 문화, 원주민 문화, 아프리카 흑인 문화가 조우하여 혼합된 땅의 특징을 지니게 되었다. 이러한 혼종성의 측면에서 탈영토 디아스포라라고 할 수 있다.[11]

◆ 자메이카 등지에서 생겨난 흑인 결사체로 에티오피아 황제 하일레 셀라시에 1세를 구세주 혹은 흑인의 옹호자로 숭배한다. 흑인은 환생한 유대인이며 신의 벌을 받아 악마와 열등한 백인의 지배를 받아 왔지만 결국에는 지상천국이자 진정한 고향인 아프리카로 돌아감으로써 구원을 얻고 백인들 위에 군림하게 될 것이라는 믿음을 가지고 있다.

영화, 디아스포라를 말하다

로빈 코헨이 정리한 다섯 가지 유형에 속하는 디아스포라 영화를 살펴보고, 각각의 영화에서 디아스포라를 어떻게 그리고 있는지, 전달하는 메시지가 무엇인지, 디아스포라와 모빌리티의 상관관계는 어떠한지 짚어 보자.

피해자(희생자) 디아스포라 영화

〈메이리그Mayrig, Mother〉(1991)

개요: 소설 《메이리그: 어머니는 임종을 맞이하고 있다Mayrig is dying》를 원작으로 한 영화. 1915년 아르메니아에서 태어난 아자드Azad와 그 가족의 프랑스로의 강제 이주를 배경으로 한다. 아자드 가족은 1915~1923년에 있었던 터키 정부의 아르메니아인 대학살Armenian Genocide로 인해 다른 나라로 떠날 수밖에 없었다. 다양한 문화적 차이로 인한 충격 속에서 가난에 시달리며 힘겨운 하루하루를 살아가던 아자드가 성인이 되어 엔지니어로서 프랑스 사회에 적응해 나가는 과정을 그리고 있다.

배경: 아르메니안 대학살은 19세기 말부터 20세기 초까지 오스만제국(터키 정부)이 소수민족인 기독교계 아르메니아인을 집단살해한 사건이다.[12] 오스만제국 내 아르메니아인 사회는 아나톨리아 동부에 거주하던 농민들의 농촌 사회와, 이스탄불 등의

도시에 거주하는 상인들로 구성된 공동체로 나뉘어 있었다. 후자는 무역과 금융업으로 성공해 부유한 상인층을 형성했고 건축가나 조폐관 등의 직무에 진입하여 궁정 및 중앙 행정기관에 근무하는 사람이 많았다.

19세기 들어 아르메니아인과 오스만제국의 이슬람교도 사이에 갈등이 불거지는 와중에 러시아제국이 남카프카스를 점령하고, 1877년에 일어난 러시아–튀르크전쟁으로 러시아가 아르메니아인 거주 지대의 북동부를 점령하면서 결정적인 변화가 생겨났다. 러시아는 1878년의 '산스테파노San Stefano조약'으로 아나톨리아 동부 에르주룸Erzurum, 디야르바키르Diyarbakir, 시바스 Sivas 등 아르메니아인 거주 지역에서 아르메니아인 권리 향상을 목표로 한 개혁을 실시하겠다고 약속했다. 이것을 계기로 오스만제국령 내에서 아르메니아인 민족운동이 시작됐고, 제국 밖에서는 아르메니아인 민족주의자들을 중심으로 아르메니아인의 독립을 목표로 삼은 정당이 결성됐다. 그들 중 일부는 제국에 비밀 지부를 설립하고 오스만 관리를 노린 폭탄 테러 활동을 시작했다.

한편, 러시아–튀르크전쟁이 한창

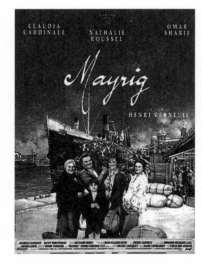

| 그림 50 | 영화 〈메이리그〉 포스터.

일 때 러시아 점령지에서 오스만제국으로 망명한 무슬림 난민들 사이에서 기독교 아르메니아인이 러시아 군대와 협력하여 무슬림을 몰아낸다는 소문이 퍼졌다. 이로 인해 도시에 거주하던 아르메니아인과 터키인·쿠르드족 사이에 적개심이 높아졌고, 오스만제국의 무슬림들은 아르메니아인을 외국과 내통하고 테러를 벌이는 위험 분자로 보게 되었다.

아르메니아인 집단대학살은 1차와 2차로 나뉜다. 1차는 1894년 아나톨리아 동부 비틀리스Bitlis주에 거주하던 무슬림과 아르메니아인 사이에 대규모 충돌이 일어나자 오스만 정부가 군대를 동원해 진압하는 과정에서 일어났다. 이때 2만 명이 넘는 희생자가 발생했다. 아르메니아인 민족주의 정당은 국제사회에 호소했고, 유럽의 여러 나라가 오스만제국의 대응을 비판했다. 1895년 1월 영국·프랑스·러시아제국은 공동으로 아나톨리아 동부의 행정개혁안을 제시하고, 그 이행을 오스만제국에 통보했다. 하지만 다음 해인 1896년 아르메니아인 혁명조직이 이스탄불의 오스만 은행을 습격, 점령하는 사건이 발생하여 결국 무슬림과 아르메니아인의 충돌이 다시 재연되었다.

이후 제1차 세계대전이 벌어지자 오스만제국이 동맹국 측에 가담하기로 결정했는데 연합국 측의 러시아 군이 오스만제국의 동부 국경을 점령하면서 2차 대학살이 촉발되었다. 이때 오스만제국 측의 아르메니아인 수천 명이 러시아 군으로 참가하거나 게릴라 활동을 했다. 아르메니아인 게릴라로 인해 무슬림 마을이 습격을 받고 무슬림이 살해된 사건도 일어났다. 아르메니아인 게릴라들의 행동은 오스만제국 내 반아르메니아인 감정에 불을 지폈다. 혼란에서 살아남은 아르메니아인들은 유럽이나 미국으로 이주했고, 오스만제국령 동부 아나톨리아에 있던 아르메니아인 공동체는 완전히 소멸됐다.[13]

〈**메이리그**〉에서의 **디아스포라**: 집단대학살을 피해 프랑스로 이주한 아자드의 가족은 어려움을 극복하고 프랑스 사회에 안착하여 행복하게 살지만, 대학살로 인한 트라우마와 모국에 대한 그리움을 안고 있다. 이는 아자드의 다음 내레이션에서 잘 드러난다.

우리 선조들은 2천 년도 넘게 그곳에서 문화유산을 지켜 오

| 그림 51 | 아르메니아에서 프랑스에 도착한 이자드 가족과 수많은 이주민들.

며, 끊임없이 학살과 박해를 당했는데 그때마다 그게 마지막이길 기원했다. 초대 기독교들은 그들의 야망을 위해 국경을 새로 그었고, 나의 조국을 옛 터키에 복속시켰다. 고요해 보이는 이슬람 모스크의 한편에서 아르메니아인들은 무참히 짓밟혔다. 다이르앗자우르Dayr az-Zawr의 불타는 모래사막은 한 민족의 고통을 기억할 것이다. 그곳에서 우리 선조들은 광분한 약탈자들의 손에 육신을 빼앗겼지만, 영혼과 기억만은 여전히 남아 있다."[14]

영화에는 1920년대 프랑스 마르세유에 조성된 아르메니아 디아스포라 공동체가 등장하는데, 당시 이곳은 아르메니아 난민뿐만 아니라 이탈리아 · 스페인 · 알제리 등 다양한 곳에서 이주해 온 사람들이 섞여 있었다. 당시 프랑스가 이주 난민을 탐탁지 않게 여기면서도 받아들인 것은, 프랑스를 비롯하여 제1차 세계대전에서 승리한 강대국들에게 많은 노동력이 필요했기 때문이다. 이주민들이 노동력을 제공하고 받은 대가는 보잘것없었다. 법적 지위도 보장받지 못하고 낡고 더러운 임대아파트나 여관방에 거주해야 했던 그들은 서로 위로하고 자신들의 문화를 지키기 위해 자연스럽게 자신들만의 디아스포라 공동체로 모여들었다.

〈스탈린에게 바치는 선물Podarok Stalinu〉(2008)

개요: 스탈린의 냉혈 통치 속에서 그의 생일 70회를 맞아 이루어진 소수민족의 강제 이주를 재현한 카자흐스탄 영화. 〈스탈린에게 바치는 선물〉은 1949년 카자흐스탄, 즉 구소련 정부가 수많은 소수민족들을 중앙아시아로 강제 이주시키던 시절을 배경으로 한다. 유대인 소년 사슈카Sashka는 강제 이주 도중에 할아버지가 기차에서 숨지면서 할아버지의 시신과 함께 카자흐스탄의 어느 외진 마을에 정착하게 된다. 그곳에서 생명을 구해 준 카심Kasym 할아버지를 비롯한 여러 이주민들과 함께 살면서 당시의 역사적 사건과 삶의 현장을 체현하는 역할을 한다. 또한 이 영화는 같은 해에 일어난 구소련 정부의 스탈린 70회 생일 기념 핵폭탄 실험과 그것으로 인해 수많은 무고한 사람들이 희생된 역사적 현장을 고발한다.[15]

| 그림 52 | 영화 〈스탈린에게 바치는 선물〉 포스터.

배경: 러시아의 제국주의 팽창 정책에 따라 중앙아시아 지역은 19세기 중반 러시아에 복속되고, 20세기 초에는 소련에 완전히 합병되어 소련 공산주의 통치 하에서 원료 공급과 군사 및 핵실험 기지로 전락한다.[16] 특히 카자흐스탄의 항구도시

세미팔란틴스크Semipalatinsk에서는 1949년 핵실험장이 건설된 이후 1991년 폐쇄될 때까지 40여 년간 116회의 지상 및 공중 핵실험, 340회의 지하 핵실험이 실시되었다. 스탈린은 민족 봉기를 우려하여 민족 전체를 통째로 이동시키거나 반체제적 인물을 유형 보내는 무모한 정책을 실시했다. 이 때문에 수많은 민족이 원래 주거지를 떠나 기차로 수백, 수천 킬로미터를 이동하여 새로운 곳에 터전을 잡아야 했다. 이 영화는 에필로그에서 1930년부터 1949년까지 자행된 소련의 잔인한 강제 이주 정책을 기록하고 있다.[17]

〈스탈린에게 바치는 선물〉에서의 디아스포라: 강제 이주나 추방에 의해 낯선 지역에 정착한 사람들이 형성한 마을에는 지배권력에 대항하는 사람들이 존재하는데, 이 영화에서 폴란드인 의사 예지Ежи가 그런 인물이다. 무지한 대부분의 사람들과 달리 지식인인 그는 마을 사람들에게 행해지는 소비에트 권력의 폭압에 냉정한 시선을 잃지 않는다.

이 영화에서 인상적인 디아스포라적 장면은 기차 안의 풍경이다. 기차 안에는 중앙아시아로 강제 이주 당하는 소수민족들이 가득하며, 그 속에 모스크바에서 온 일곱 살 소년 사슈카가 타고 있다(〈그림 53〉). 중앙아시아 카자흐스탄이란 공간에 와서 무슬림 할아버지 카심의 도움으로 지역 샤머니즘 의식을 통해 새롭게 태어나고, 이후 다시 유대인들의 예루살렘으로 돌아간 사슈카의 행보는 자연스럽게 다문화성을 구현한다. 이는 카자흐스탄을 중심에 두면서도 다민족 공존의 국가 이념을 지향하는 것, 즉 카자흐스탄 마을 공동체의 다문화성이라는 코드를 통해 카자흐스탄의 정체성을 확립하려는 것으로 볼 수 있다.[18]

역사가들은 세계 역사에서 한 민족의 말살은 거의 대부분 제국의 건설과 관련이 있으며, 제국 건설에는 항상 주민의 대이동이 수반되었다고 말한다. 이 영화의 시나리오 작가인 파벨 핀 Pavel Finn 역시 "카자흐스탄은 많은 민족들의 도피처이자 구원처였다. 독일인, 타타르인, 한국인, 체첸인, 유태인, 그리스인, 폴란드인… 그 모든 민족들을 열거할 수는 없다. 그곳에 사람들을 쓰레기 버리듯이 버렸다"며, 소비에트 체제가 남긴 역사적 상흔을 염두에 두고 시나리오를 썼음을 밝히고 있다.[19]

| 그림 53 | 기차역에 있는 사슈카.

카자흐스탄은 이처럼 여러 민족이 거주하는 곳이어서 이 영화에서도 각 민족의 다양한 종교와 기도 형태가 나타난다. 각 인물들은 자기 방에 걸어 두는 성화나 기도 행위를 통해 자신의 종교적 정체성을 보여 준다. 성화가 걸려 있는 방 옆에서 샤먼 의식이 행해지기도 한다.[20] 이들은 서로의 종교를 배척하거나 무시하지 않고 인정하고 존중한다. 이는 각 민족이 같은 처지에 놓여 있음을 함께 느끼고 심적인 공동체 속에서 강하게 결속하는 방식이라고 할 수 있다.

노동 디아스포라 영화

〈흑인 소녀La noire de...〉(1966)

개요: 세네갈의 수도 다카르Dakar에서 프랑스의 앙티브Antibes로 이주하여 부유한 프랑스 부부를 위해 일하게 된 젊은 여성 디우아나Diouana의 이야기를 그린 영화. 세네갈에서 보모 일을 했던 디우아나는 프랑스에서도 부부의 아이를 돌보는 일을 하게 될 거라는 말을 듣고 프랑스로 이주한다. 그러나 앙티브에 도착한 후 디우아나는 부부에게 가혹한 대우를 받고 보모가 아닌 각종 집안일을 담당하는 하인으로 일하게 된다. 프랑스 부부가 디우아나를 속인 것이다. 디우아나는 자신에게 가해지는 제약과 소외된 상황을 알게 되면서 프랑스에서의 삶에 의문을 가지기 시작한다.

배경: 이 영화를 이해하려면 세네갈의 식민지 역사를 알 필요가 있다. 아프리카 최서단에 위치한 세네갈은 1444년 포르투갈의 노예무역인이 들어온 후 영국·프랑스의 쟁탈 대상이 되었다. 결국 프랑스가 19세기 중반까지 동세네갈의 왕국을, 1893년에는 오지의 투크롤 왕국을 지배하게 되었다. 1895년 이후, 프랑스령 서아프리카 연방이 형성되고 1902년 세네갈의 수도가된 다카르가 프랑스의 아프리카 통치의 중심지가 되었다. 이후 1958년 프랑스공동체 내 자치공화국이 되었고, 1959년 4월 프랑스령 수단과 '말리 연방'을 결성하여 1960년 6월 프랑스로부터 독립했지만, 지도자 간의 의견 차이로 2개월 후 연방은 붕괴되고 1960년 8월 20일 재독립하여 단독으로 세네갈공화국을 수립했다.[21]

이 영화에서 프랑스인들이 흑인소녀를 하인으로 삼고 부리는 모습은, 프랑스인들이 여전히 세네갈을 독립적인 한 국가로 인정하지 않은 채 과거의 식민권력을 행사하고 있음을 증명한다. 이는 정치적 독립과 심정적 독립이 일치하지 않고 괴리되어 있음을 뜻한다. 이러한 것을 신식민주의라고 한다. 1960년대 아프리카의 많은 국가들이 식민지에서

| 그림 54 | 영화 〈흑인 소녀〉 포스터.

독립했음에도 여전히 유럽인들이 제도적으로나 사회적으로 그들을 지배하는 상황을 말한다. 세네갈은 독립했지만 문맹률이 높고 가난했기 때문에 삶의 환경이 좋지 못했다. 이에 디아우나는 더 나은 환경인 프랑스로 건너가 보모로서 노동력을 제공하고 돈을 벌려고 했던 것이다.

〈흑인 소녀〉에서의 디아스포라: 과거 아프리카 흑인들이 노예로 팔려 나가 강제노역을 할 수밖에 없었던 상황과 달리, 디우아나의 이주는 프랑스 부부의 수요와 일치하여 이루어진 일이므로 자발적 이주로서의 디아스포라라고 할 수 있다.

이 영화의 오프닝 시퀀스는 프랑스 남부 연안으로 진입한 뒤 항구에 정박하는 유람선을 원경으로 비추고, 이어서 주인공 디우아나가 유람선에서 내려 프랑스 남자의 차를 타고 그녀를 고용한 부부가 사는 앙티브의 빌라에 도착하는 장면으로 시작된다. 프랑스에서의 생활에 들떴던 그녀는 곧 실망하게 된다. 프랑스 부부는 그녀를 자신의 아이를 돌보는 직업인으로서의 보모로 대하는 것이 아니라, 과거 식민 지배를 받았던 국가의 피지배인으로 대한다. 영화에서 디우아나는 끊임없이 집안일을 한다. 심지어 프랑스인 부인은 집으로 자신의 친구들을 초대했을 때 노골적으로 디우아나를 하녀 취급함으로써 자신은 우월한 존재인 반면 디우아나는 열등한 존재임을 과시한다. 손님들역시 그녀를 무례하게 대하고 아프리카인을 철저하게 자신들과 구분 지으려 한다.

| 그림 55 | 백인들을 접대하는 주인공.

디아스포라에서 이주민들은 공동체를 형성하여 서로 돕고 살아가는데 디우아나는 그 공동체를 형성할 여지가 없다. 하루 종일 집안일에 시달리는 디우아나에게 집 안의 거실이나 방은 스쳐 지나가는 곳이자 노동력을 제공하는 곳일 뿐 머물 수 있는 공간이 아니다. 결국 디우아나는 집 안에서도 집 밖에서도 부유하는 인간으로서만 존재한다. 디우아나는 개방된 공간에 살면서도 감옥에 갇힌 죄수처럼 느끼고, 프랑스인들과는 절대 동등한 처지로 섞여 살 수 없음을 직감하고 자살을 선택하게 된다. 한 개인의 비참한 죽음에 이어서 화면에는 아름다운 앙티브 해변의 모습이 나타난다. 이는 지배/피지배 관계가 여전히 심리적으로 연장되고 있고 전복되기 힘든 현재진행형임을 암시한다.

〈헤로니모Jeronimo〉(2019)

개요 : 쿠바혁명의 주역이었으며 쿠바 한인회를 재건한 인물 헤

로니모 임(임은조)의 삶을 다룬 다큐멘터리 영화. 일제 치하에
많은 한국인이 강제 이주나 혹은 돈을 벌기 위해 러시아·중
국·하와이 등으로 간 것은 많이 알려졌으나, 멕시코와 쿠바로
이주한 한인들의 이야기는 그다지 알려져 있지 않다. 이 영화는
쿠바 한인들의 정착을 지원하고 한인 공동체를 형성·유지하는
데 헌신한 한 인물에 관한 이야기다.

배경: "묵서가(멕시코)는 미합중국과 이웃한 문명 부강국이다.
부자가 많고 가난한 이가 적으니 젊은 한인들이여, 어서 오라"
1900년대 초 멕시코와 국교도 맺지 않았던 시절, 신문광고에 속
은 1,033명의 한인이 부푼 꿈을 안고 멕시코행 배에 오른다. 그

| 그림 56 | 영화 〈헤로니모〉 포스터.

들 중에는 만 2세의 나이로 어머
니의 품에 안겨 조국을 떠난 임천
택(헤로니모의 아버지)이 있었다.
멕시코로 간 한인들은 신문광고
와는 달리 에네켄(선인장) 농장에
서 노예와 같은 생활을 했다.[22] 멕
시코 한인의 절반 이상이 '에네켄
아시엔다henequén Hacienda'라고 불
린 농장에서 장시간 노동에 시달
렸다. 한인들은 하루에 2,500개 정
도의 에네켄 잎을 자르고 에네켄
밭의 풀을 제거했다. 워낙 무더운

In Cuba, he worked hard to cultivate henequen.

| 그림 57 | 에네켄 농장에서 일하는 한인들.

지역이어서 주로 새벽에 일어나 일하곤 했다고 한다. 1909년에 4년 동안의 계약 노동을 마친 한인들은 일부를 제외하고 대부분 멕시코 전역으로 뿔뿔이 흩어졌다.[23] 계약 기간이 끝난 후 고국행을 꿈꿨지만 한일병합으로 돌아갈 곳을 잃었기 때문이다.

〈헤로니모〉에서의 디아스포라: 멕시코에서 쿠바로 이주한 헤로니모 임의 아버지 임천택은 가난하고 힘든 삶 속에서도 다른 이민자들과 함께 쌀 한 숟가락씩을 모아 대한민국임시정부로 독립운동 자금을 보냈다. 또한 임천택은 한글을 깨치기도 전에 고국을 떠나왔음에도 쿠바 한인들의 정체성을 이어 가기 위해 평생 노력했다. 헤로니모는 그러한 아버지의 영향을 받아 젊어서는 자신의 조국이라 할 수 있는 쿠바의 혁명을 위해 투신하여 체 게바라, 피델 카스트로와 어깨를 나란히 하고, 은퇴 후에는 한인 사회 건설에 헌신한다.

혁명 성공 후 그는 쿠바 정부에서 산업부 차관을 역임하며 9개의 훈장을 받았다. 1995년 쿠바 한인 대표로 생애 처음 한국 땅을 밟은 뒤에는 아버지의 꿈을 이어받아 9백 여 명의 쿠바 한인들을 직접 찾아가 명부를 만들고, 한글학교를 세우고, 한인 커뮤니티를 형성했다. 현재 쿠바의 4, 5세대 재외동포들은 대부분 쿠바인들과 다문화가정을 이루고 있다. 우리와 겉모습은 많이 달라졌지만 임천택과 헤로니모, 그 후손들의 노력으로 마침내 헤로니모 사후 '쿠바한인후손회'가 조직되어 정체성을 이어 가고 있다.

〈헤로니모〉는 광고에 속아 고국을 떠난 이주민들이 힘든 노동을 하며 하루하루 어려운 삶을 이어 가면서도 디아스포라 공동체를 형성하여 그곳에서 잘 적응할 수 있게 서로 돕고 결속력을 다지기 위해 노력해 온 과정을 잘 보여 주고 있다.

통상(무역, 교역) 디아스포라 영화

〈부의 빅뱅〉(KBS 다큐멘터리 시리즈 '바다의 제국' 2편)(2015)

개요 : KBS 1TV에서 방영한 다큐멘터리 '바다의 제국'(4부작) 2편으로 노예무역과 부의 형성 과정을 다룬 작품. 대항해시대 이후 새로운 바닷길이 열렸지만 동양에 마땅히 팔 물건이 없었던 서양은 삼각무역을 통해 부를 키워 나갔다. 아시아 시장을 상대

로 한 네덜란드의 삼각무역 방식을 본격적으로 산업에 적용한 것은 영국이었다. 영국은 세계 상품으로서 설탕의 중요성을 알고 노예무역과 아메리카 식민지를 연결하는 설탕 플랜테이션 산업을 시작하며 엄청난 부를 축적하였다.

배경: 삼각무역은 미국(아메리카)·영국(유럽)·아프리카를 오가며 이루어졌다. 영국산 총기·의류·구슬 등의 장신구, 아메리카산 면화·설탕·담배, 아프리카의 흑인 노예가 교환되었다(그림 59 참조). 삼각무역은 서구의 자본 형성에 결정적인 영향을 끼쳤다. 이러한 상품들이 잘 팔려서 교역이 가속화될수록 노동력은 더 필요했기 때문에 흑인 노예무역도 자연히 활성화되었다.

삼각무역의 개척자 존 호킨스John Hawkyns는 1532년 영국 폴

| 그림 58 | '바다의 제국' 2편 〈부의 빅뱅〉.

리머스의 귀족 가문에서 태어나 일찌감치 바다를 익히고 30세부터 외국 배를 강탈하는 데 앞장섰다. 1562년에는 카리브해에서 포르투갈의 노예선을 습격해 흑인 노예 301명을 빼앗아 서인도제도 연안에 팔아넘겼다. 영국의 노예무역도 이때부터 본격화했다.

유럽 국가들은 처음에 사탕수수와 담배 재배 등에 인디오 원주민과 아일랜드인 계약 하인을 동원했으나 중노동과 전염병으로 사망률이 급증하자 아프리카 흑인에 눈을 돌렸다. 흑인은 이들보다 전염병에 강하고 일을 잘했다. 포르투갈을 시작으로 영국, 네덜란드, 프랑스 등이 노예무역에 뛰어들었다. 대서양 노

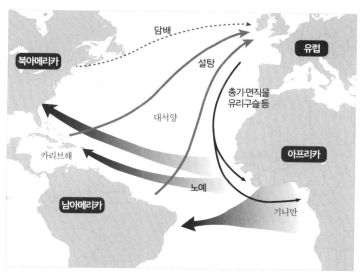

| 그림 59 | 16~19세기 대서양 삼각무역.

예무역의 중심지는 황금해안, 노예해안 등으로 불리는 서아프리카 기니만 연안이었다. 백인 노예상들은 자신들과 결탁한 흑인 부족장들이 다른 부족을 총으로 위협해 납치해 오면 총이나 면직물, 럼주, 유리구슬 등을 주고 이들을 사서 배에 싣고 아메리카로 향했다.

〈부의 빅뱅〉에서의 디아스포라: 노예무역선은 정원을 한참 초과했기에 한 사람에게 주어진 공간의 너비는 고작 40센티미터 정도였다. 손목과 발목, 목에는 쇠사슬이 채워졌다. 숨 막힐 듯 다닥다닥 누워 있었던 노예들은 관 속의 시체와 다름없었다. 노예선은 한마디로 '떠다니는 지하 감옥'이었다. 짧게는 50일, 길게는 수개월이 걸리는 항해 기간에 10퍼센트 이상의 노예가 목숨을 잃었다. 비위생적인 환경과 질병, 학대, 자살, 폭동 등이 사망률을 높였다. 4세기에 걸쳐 대서양 노예무역선에 강제로 태워진 1,200만 명 중 150만 명이 항해 도중 숨졌다.[24] 배에 탄 노예가 지나치게 많을 때에는 백인 선원들이 흑인들을 강제로 바다에 밀어 넣어 수장시키기도 했다.*

생존 노예들은 브라질(4백만 명)을 비롯한 중남미와 서인도제도, 미국(50만 명)으로 유입됐다. 그들은 사탕수수 농장 등에서 혹사당하며 비참한 삶을 이어 갔다. 하루 17시간 이상의 극한 노동에 시달렸고 툭하면 채찍질 세례를 받았다. 기계에 손이

---

* 이 장면은 영화 〈아미스타드Amistad〉(1997)에서 재현되었다.

빨려 들어가면 백인 관리인은 그 자리에서 흑인 노동자의 팔을 잘라 버리거나 몸 전체가 부서지는 것을 지켜봤다. 그들에게 흑인 노동자는 노동 기계에 불과할 뿐 사람이 아니었다. 합법적인 노예무역 덕분에 한 사람이 일을 하다가 사망하더라도 얼마든지 대체할 수 있었던 것이다. 설탕을 '악마의 창조물'이라고 부르는 이유다. 흑인 노예의 가혹한 노동의 결과로 영국 사람들은 오후가 되면 차를 마시는 문화를 누렸다. 차에 설탕을 넣어 마시면서 여유를 즐기는 영국 차 문화 이면에는 흑인 노예의 눈물과 애환이 서려 있다.

1833년 영국 의회가 최초로 노예무역을 불법으로 규정했고, 1848년 프랑스, 1863년 미국, 1888년에는 브라질이 마지막으로 노예무역을 중지했다. 인도적인 이유가 컸지만 산업혁명으로 기계가 인력을 대체하면서 노동력의 필요성이 감소된 것도 영향을 미쳤다.[25]

현재까지도 중미의 도미니카공화국에서는 설탕의 원료인 대량의 사탕수수를 재배하면서 기계 없이 소와 사람의 노동력만 사용하고 있다. 인건비가 지나치게 싸서(하루 2,500원 정도) 기계를 이용하는 것보다 사람의 노동력을 투입하는 게 더 경제적이기 때문이다. 이곳에서 일하는 사람들은 대다수 이웃 나라 아이티에서 이주한 노동자들이다.

드넓은 사탕수수밭 한가운데에는 사탕수수 노동자들의 집단 거주지인 '밧데이batey'가 있다. 이곳은 아이티 이주노동자들의

밧데이 (batey)
카리브 해 지역 사탕수수 노동자들의 집단 거주지

| 그림 60 | 아이티 디아스포라 공동체 밧데이.

디아스포라 공동체로 이곳에서 거주 · 생활 · 양육을 하고 있으나 상황이 매우 열악하다.

〈장보고의 법화원, 재당 신라인의 구심점이 되다〉(KBS 역사스페셜)
(2018)

개요 : 통일신라시대 장보고張保皐가 당나라에 세운 법화원의 역할에 대해 소개하는 다큐멘터리.

　배경 : 당시 중국의 동해안 지역에는 남으로는 양쯔강 하구 주변, 북으로는 산동성山東省 등주登州까지 많은 신라인이 거주하고 있었다. 그들 중에는 연안 운송업과 상업에 종사하는 자들도 있었고 양주揚州 · 소주蘇州 · 명주明州 등지에서 아라비아 · 페르시아 상인과 교역하는 한편, 중국과 신라 · 일본을 내왕하며 국제무역에 종사하던 자들도 많았다. 해안 지역 출신으로 바다

에 익숙했던 장보고는 그 무렵 당나라와 신라 모두 중앙행정력
이 느슨해져 흉년과 기근이 들면 각지에서 도적이 횡행하고 바
다에서도 해적이 출몰하는 상황에 대해 잘 알고 있었다. 해적들
은 무역선을 위협하고 많은 신라 주민들을 잡아가 중국에 노예
로 팔아넘겼다.[26] 신라 사람들을 보호하고 무역을 활성화시키기
위해 장보고는 완도에 청해진을 건설하고 해상권을 장악하였
으며, 이를 토대로 당-신라-일본을 잇는 국제무역을 주도했다.
이때 교역한 물품은 구리, 거울, 모직물, 향료, 염료, 안료, 솜, 비
단 등이었다. 그리고 산동성 문등현文登縣 적산촌赤山村에 법화원
法華院을 건립하여 신라인들이 거주와 무역을 원활히 할 수 있도
록 지원했다.

| 그림 61 | 장보고가 세운 적산 법화원.

〈장보고의 법화원, 재당 신라인의 구심점이 되다〉에서의 디아스
포라: 어려서 당으로 건너간 장보고는 30세가 될 무렵 당나라 군
대인 무령군 소장의 직위에 오른다. 이후 군대를 나와 적산포에
법화원을 세우면서부터 장보고는 재당 신라인의 리더로 부상했
다. 법화원은 5백 석의 쌀을 생산하는 전답을 소유한 독립기구
로, 신라로 가는 당의 정부 사절단이 머무는 외교 공관의 역할
도 했다. 당으로부터 전폭적인 신뢰를 얻고, 법화원을 중심으로
재당 신라인을 결속한 장보고는 완도에 청해진을 설치하고 국
제무역에 본격적으로 뛰어든다.[27]

완도가 신라와 장보고의 국내 거점이었다면, 법화원은 장보
고의 당나라 거점이었다. 장보고는 신라인을 잡아가고 어업을
방해하는 해적을 소탕하여 재당 신라인의 사업을 확장시켰다.
당시 일본에 있는 신라인들도 장보고를 지원했다. 그들은 당시
일본의 주요 무역 인력으로 자리 잡고 있었다. 이처럼 장보고를
중심으로 형성된 당나라–신라–일본의 네트워크를 바탕으로 무
역이 이루어졌다.

제국(식민지) 디아스포라 영화

〈이븐 더 레인Even the Rain, También la lluvia〉(2010)

개요: 2000년 볼리비아에서 실제 일어난 물 전쟁에 영감을 받아
제작된 작품으로, 스페인 제국주의의 영향으로 지금까지도 이

| 그림 62 | 영화 〈이븐 더 레인〉 포스터.

어지는 착취와 압박에 대항해 계속 저항하는 원주민들의 모습을 담은 영화. 주인공인 영화 제작자 세바스찬은 프로듀서 코스타와 함께 콜럼버스의 미국 정복 이야기를 새로운 시각에서 다루는 영화를 만들기 위해 볼리비아로 향한다. 하지만 영화 촬영이 시작되자 지역 주민들이 수도 공급을 장악한 다국적기업에 대항해 시위를 벌이면서 영화 촬영이 어려워지고 두 사람의 신념도 흔들리게 된다.

배경 : 과거 스페인 군대는 남미 볼리비아에 들어와 원주민들에게서 금을 착취하고 노예처럼 부렸을 뿐만 아니라 그들의 영토와 자원, 나아가 영혼까지 훼손하고 식민지화를 위해 생명을 빼앗았다. 약탈과 침략의 아픈 역사를 가지고 있는 볼리비아 사람들의 현재 삶 또한 평탄치 않다. 물에 대한 권리를 뺏으려 하는 다국적기업을 반대하는 시민들과 민영화를 옹호하는 정부의 대치 상황이 극에 달해 결국 군이 투입되고 도시는 국민들의 피로 뒤덮인다. 이에 영화 제작은 중단되고 만다.

〈이븐 더 레인〉에서의 디아스포라: 이 영화는 과거 볼리비아 식민 지배를 위한 스페인의 침공과 2000년 현재 민중을 향한 정부의 과잉 진압을 교차시켜 보여 준다. 스페인 침략자이자 식민 지배자들에게 화형을 당하는 볼리비아 원주민들은 그들에게 "당신들의 탐욕을 경멸합니다 despise your greed"라고 반복적으로 외치면서 죽어 간다. 이어서 정부의 물 민영화에 반대하는 시위대의 모습을 함께 보여 줌으로써, 과거부터 현재까지 정착 및 안정을 보장받지 못한 채 자국에서도 떠도는 존재가 되어 버린 볼리비아 사람들의 상황을 드러낸다.

| 그림 63 | 화형당하는 원주민들(위), 물 민영화에 저항하는 시민들(아래).

〈마이클 콜린스Michael Collins〉(1996)

개요 : 영국으로부터 아일랜드 독립을 주도하다 암살당한 마이클 콜린스의 일대기를 그린 영화. 19세기 말 세계의 3분의 2가 넘는 영토를 장악했던 영국에게 가장 큰 골칫거리는 바로 옆에 있는 아일랜드였다. 영국이 아일랜드를 지배한 7백 년 동안 아일랜드인의 반란과 혁명은 계속 이어졌다. 그러던 중 1916년 아일랜드인들이 벌인 게릴라전 중심의 반란은 영국의 아일랜드 통치에 일대 전환을 가져온다.

마이클 콜린스가 영국과의 협상에 나서게 되는데, 영국 본토와 가까운 북아일랜드는 영국이 지배하고 나머지 아일랜드 땅은 독립국으로 하겠다는 내용이었다. 이에 마이클 콜린스를 지지하는 파와 아일랜드의 완전한 독립을 요구하는 반대파 사이에 내전이 일어나고, 마이클 콜린스는 반대파 지지자에 의해 암살당한다.

| 그림 64 | 영화 〈마이클 콜린스〉 포스터.

〈마이클 콜린스〉에서의 디아스포라: 1916년 아일랜드 독립군은 6개월간의 항쟁 끝에 영국 군에 무릎을 꿇고 지도자급 주동자들은 모두 처형된다. 그러나 미국 시민권

| 그림 65 | 마이클 콜린스의 독립 투쟁.

을 갖고 있던 에이먼 데 벌레라Eamon De Valera와 행동대원 마이
클 콜린스, 그리고 해리 볼란드Harry Boland는 투옥된다.

　출옥 후 마이클은 전국을 돌아다니며 지지 세력을 규합하고,
해리가 마이클을 그림자처럼 따라다닌다. 이후 마이클은 데 벌레
라를 의장으로 하는 신페인당Sinn Féin의 정보 담당 장관으로 활
약한다. 마이클의 활약으로 수세에 몰린 영국 정부는 독립투사
들의 무차별 투옥과 테러로 응수한다. 이러한 아일랜드의 처지를
국제사회에 호소하기 위하여 데 벨레라는 미국으로 떠난다.

　대세가 아일랜드 독립군에게 기울어 영국은 마침내 평화를
선포하고 협상을 요구한다. 마이클은 아일랜드를 사실상 분할
하는 공화국 수립을 약속한 '런던협약'을 가지고 돌아온다. 평화

를 위한 콜린스의 호소에도 불구하고 콜린스 지지파와 반대파 간에 내전이 터지고, 마이클 콜린스는 함께 싸워 왔던 많은 동지들에게까지 변절자란 지탄을 받으며 결국 암살당한다.[28]

자국의 주권을 수호하고 영국의 세력에서 벗어나기 위해 아일랜드 영토 곳곳을 다니며 독립운동을 주도한 마이클 콜린스는 국내 디아스포라 모빌리티의 역사적 사례로 꼽힌다. 또한 종국에는 마이클 콜린스와 등을 돌리게 되었지만, 그의 동료 데벌레라 역시 아일랜드의 독립을 위해 국외 디아스포라가 되어 활약을 펼쳤다.

탈영토화 디아스포라 영화

〈말리Marley〉(2012)

개요 : 레게 음악의 상징인 자메이카 출신 싱어 송 라이터 밥 말리, 음악을 통해 평화를 추구하며 저항을 실천한 그의 생애를 다룬 다큐멘터리. 밥 말리의 옛 모습을 담은 뉴스 클립, 가족과 동료들의 인터뷰를 통해 그가 어떤 사람이었고, 어떤 뮤지션이었는지 보여 준다.

배경 : 1494년 스페인의 콜럼버스가 발견한 자메이카는 1509년부터 1655년까지 스페인의 지배 하에 있었다. 당시에는 섬 원주민인 아라와크Arawak족과 인디언이 살고 있었다. 스페인은 자메이카를 식민지화했지만 별다른 가치가 없는 땅이라고 여겨

그대로 방치해 두었고, 이후 1655년 영국으로 자메이카의 지배권이 넘어가게 되었다. 사탕수수 재배에 투입하기 위해 에티오피아에서 흑인들을 납치해 온 노예무역이 계속되면서 아프리카인의 유입이 계속 늘어나다가 1834년 노예제가 폐지되면서 대농장체제도 무너지게 되었다. 그러나 영국의 식민 지배는 계속되어 자메이카는 1866년 영국의 직할식민지가 되었다. 1930년대 말, 대공황의

| 그림 66 | 영화 〈말리〉 포스터.

여파로 영국 직할 식민체제에 대한 자메이카인들의 불만이 고조되면서 곳곳에서 폭동이 일어나고 자메이카 자치 요구가 커지면서 1962년 마침내 영국으로부터 독립했다.

자메이카는 앞에서 언급한 대로 사탕수수 재배를 위해 강제 이주된 아프리카 흑인, 유럽 백인, 중남미 흑인의 혼혈인 물라토가 인구의 90퍼센트 이상을 차지하며 그 외 영국·인도·중국·시리아·포르투갈·독일 출신 사람들도 살고 있는 다인종, 다문화국가다. 따라서 종교도 개신교, 가톨릭, 유대교, 힌두교, 이슬람교, 그리고 자메이카 신흥 종교인 라스타파리안까지 다양하다.

〈말리〉에서의 디아스포라: 자메이카는 역사적으로 스페인과

영국의 지배를 받았고 노예무역으로 이주한 아프리카인들의 한이 서린 곳이며, 독립 이후에도 불안한 정부와 경제적 궁핍으로 인해 혼란을 겪었다. 따라서 다수의 흑인들은 자연스럽게 결속할 수 밖에 없었고, 이들을 하나로 묶는 것이 기독교와 토속신앙이 결합된 라스타파리안이었다.

밥 말리는 지배자인 영국 출신 백인 아버지와 피지배자인 아프리카 출신 흑인 어머니 사이에서 태어났는데, 그가 태어났을 때 아버지는 모자母子를 버리고 어디론가 떠나 버렸다. 그는 자메이카 태생이지만 그의 아버지와 어머니는 본국에서 자메이카로 이주한 디아스포라인이었고, 이는 그에게도 영향을 미쳤다. 영국 친가에서 밥 말리의 존재를 인정하지 않았고, 흑인들도 플라토인 이 소년을 거부했다. 양쪽에서 모두 거부당한 말리는 평생 자신의 인종적 정체성을 두고 고민했다.

어릴 때부터 궁핍한 삶을 살았던 그는 17세에 음악에 빠져서 더 웨일러스The Wailers와 함께 음악 활동을 시작한다. 그는 영국 CBS 레코드와 계약하면서 영국 투어를 시작으로 미국 투어까지 하게 된다. 그의 공연은 단순히 레게 음악을 선보이는 것이 아니라 인종, 종교, 정당 간의 화합과 평화를 기원하는 장이었다.

그는 노래만 부르는 가수에 그치지 않고 액티비스트로서도 활약했다. 어린 시절에는 어머니의 영향으로 가톨릭을 믿었으나 어머니로부터 독립한 뒤에는 라스타파리안에 심취했다. 라스타파리안은 흑인인 에티오피아 황제 하일레 셀라시에 1세를

재림 예수라 여기며, 백인 문화와 개신교는 거부하지만 성서의
교리는 믿고 따르는 종교이다. 라스타파리안은 자메이카 흑인
들 사이에서 일어난 아프리카 귀환운동에 의해 확산되었고, 이
들 이민자의 정체성을 확립하는 데 영향을 미쳤다. 라스타파
리안은 (흔히 레게머리라고 일컫는) 드레드락 헤어 스타일, 빨간
색·노란색·초록색, 대마초 합법화, 이 세 가지를 특징으로 하
는데 밥 말리를 비롯해 레게 음악인들이 이 세 가지 요소로 스
타일링하면서 종교뿐만 아니라 레게를 상징하는 하나의 문화로
자리 잡게 되었다.

당시 자메이카는 인민국가당과 자메이카노동당, 두 세력으로
나눠져 있었는데 인민국가당을 지지하는 콘서트를 준비하던 중
밥 말리와 아내, 그리고 매니저가 총기 테러를 당한다. 이 사건
으로 밥 말리는 2년 동안 영국에서 생활하게 된다. 1978년 자메

| 그림 67 | 두 당의 지도자의 화해를 주선하는 콘서트 현장.

이카가 내전 상태에 돌입하게 되자 그는 이 상황을 해결하고자 고국으로 돌아와 평화콘서트에 참여해 두 당 지도자의 화해를 주선한다.

〈말리〉는 역사의 흐름 속에서 핍박받은 아프리카 민중의 인권을 위해 노래를 만들고 불렀던, 탈영토화 및 문화 디아스포라인으로서 밥 말리의 생애를 잘 보여 주고 있다.

〈리우 2096:사랑과 분노의 이야기Rio 2096: A Story of Love and Fury〉(2013)

개요: 영원히 죽지 않지만 끊임없이 싸워야 하는 운명을 지닌 한 남자의 6백 년에 걸친 사랑과 분노의 이야기를 담은 애니메이션. 인디언 전사와 여인의 사랑 이야기를 축으로 과거 브라질의 아픈 역사적 사건들과 실제로 일어날 법한 미래의 역사를 그리고 있다.

배경: 1500년대 초 프랑스와 포르투갈의 식민 지배, 1800년대 노예제 폐지 투쟁, 1960~70년대의 군부독재 등 폭력에 지배당해 온 브라질의 역사가 2096년 물 부족 사태로 벌어지는 사회적 투쟁으로 연결되면서 브라질의 미래도 어두울 것이라는 예측을 담고 있다.

〈리우 2096〉에서의 디아스포라: 1500년대 식민지 시대, 1800년대 노예제 폐지 시기, 이후의 군부독재, 그리고 2096년의 물 부족으로 인한 사회적 투쟁이라는 시간과 역사 속에서 주인공의 행보를 그리고 있다는 점에서, 이 영화는 시간의 모빌리티에 주목한다.

영화는 머리에 레이저건을 맞을 위험에 처한 한 남자의 회상으로부터 시작한다. 시간을 한참 거슬러 오른 1566년, 브라질 원주민 투피남바족의 땅 구아나바라에는 무냐신에게 특별한 능력을 받아 부족을 구해 낼 전사 아베구아가 살고 있다. 아베구아는 자나이나를 깊이 사랑하고 있다. 하지만 청정 구역이었던 구아나바라에도 잔혹한 서구 문명이 난입한다. 투피남바족은 포르투갈과 프랑스의 세력 다툼 와중에 몰살당하고 자나이나를 잃은 슬픔에 벼랑 아래로 몸을 던진 아베구아는 새가 된다.

불사의 영혼을 지니게 된 아베구아는 그 뒤로도 육신의 삶과 죽음을 거듭하며 자나이나를 찾아 헤맨다. 두 사람은 역사에 존재했던 권력의 폭압에 맞서다 죽는 운명을 되풀이한다. 1825년 마라냥에선 노예제 폐지 투쟁을 하다 사망하고, 1968년 리우데자네이루에선 군부독재에 맞서 싸우다 죽는다. 그리고 먼 미래인 2096년의 리우데자네이루에선 물의 소유권을 놓고 거대 기업과 민간 활동가들이 대립하고 있다.

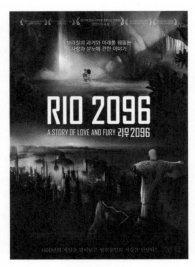

| 그림 68 | 영화 〈리우 2096〉 포스터.

| 그림 69 | 사형당하는 노예.

폭력의 역사를 반복하며 지쳐 버린 아베구아는 어떤 경우에도 투쟁을 포기하지 않는 자나이나를 지키기 위해 다시 한번 용기를 낸다. 〈리우 2096〉은 남녀의 운명적 사랑을 통해 브라질 역사 속 뜨거운 투쟁의 순간들을 간결하고 함축적으로 표현했다.[29] 사랑 이야기라는 외피를 쓰고 있지만 6백 년 동안 이어진 한 남자의 인생을 통해 식민 지배 당시 강제 이주된 이주민들의 궁핍한 삶과 저항, 투쟁 속에서 브라질에 정착하려고 애쓴 디아스포라의 애환을 보여 준다.

1장 정적 이미지에서 동적 영상으로

1 윤신영, 〈인류 最古 동굴벽화 기록 바뀐다〉, 《동아사이언스》, 2019년 12월 12일자. http://dongascience.donga.com/news/view/32917(http://dongascience.donga.com/news/view/32917, 2019.12.12.)

2 이강봉, 〈인류 최초 동굴 벽화, 아시아에서 발견〉, 《사이언스타임즈》, 2018년 11월 8일자, 재구성. https://www.sciencetimes.co.kr/news/%EC%9D%B8%EB%A5%98-%EC%B5%9C%EC%B4%88-%EB%8F%99%EA%B5%B4-%EB%B2%BD%ED%99%94-%EC%95%84%EC%8B%9C%EC%95%84%EC%97%90%EC%84%9C-%EB%B0%9C%EA%B2%AC/

3 Deems Taylor, A Pictorial History of the Movies, Simon and Schuster, 1943, p. vi.

4 이마무라 다이헤이, 《만화영화론》, 다보문화, 1990, 11쪽.

5 https://ko.wikipedia.org/wiki/%EC%83%A4%EB%A5%B4%EC%97%90_%EC%88%98%ED%97%A4%ED%85%8C

6 한지혜, 〈애니메이션의 움직임(Movement) 원리를 활용한 사실기 아동의 인물화 동세 표현력 향상〉, 이화여자대학교 교육대학원 석사학위논문, 2004, 8쪽.

7 1590s, "action of imparting life" (a sense now obsolete), from Latin animationem (nominative animatio) "an animating," noun of action from past-participle stem of animare "give breath to," also "to endow with a particular spirit, to give courage to, enliven," from anima "life, breath" (from PIE root *ane- "to breathe"). Meaning "vitality, appearance of activity or life" is from 1610s (the sense in suspended animation). Cinematographic sense, "production of moving cartoon pictures" is from 1912.(https://www.etymonline.com/word/ animal#etymonline_v_13452)
류범열, 〈애니메이션 전공자가 경험한 신체 움직임 활동에 대한 현상학적 연구〉, 조선대학교 일반대학원 석사학위논문, 2019, 5쪽, 재인용.

8 이상면, 〈동영상의 원리와 19세기 시각기구의 발전과정-잔상이론과 동영상의 과학적 발전에 대해-〉, 《영상문화》 제19집, 2012, 196쪽.

9 이상면, 〈동영상의 원리와 19세기 시각기구의 발전과정-잔상이론과 동영상의 과학적 발전에 대해-〉, 200~201쪽.

10 이상면, 〈동영상의 원리와 19세기 시각기구의 발전과정-잔상이론과 동영상의 과학적 발전에 대해-〉, 203~204쪽, 재구성.

11 https://en.wikipedia.org/wiki/Flip_book

12 https://100.daum.net/encyclopedia/view/b13s1625a

2장 정주 무비에서 로드 무비로

1 한국민족문화대백과사전, https://100.daum.net/encyclopedia/view/14XXE0015594, 재구성.

2 한국민족문화대백과사전, https://100.daum.net/encyclopedia/view/14XXE0008513, 재구성.

3 한국민족문화대백과사전. https://100.daum.net/encyclopedia/view/14XXE0008513, 재구성.

4 김종원, 《스크린 인생론》, 교보문고, 1989, 148쪽.

5 정재형, 〈로드 무비의 개념과 특성〉, 《스크린》, 1992년 2월호, 178쪽.

6 서영조, 〈'로드 무비(Road Movie)'의 인물 분석: 로드 무비의 성장 배경과 관련하여 1960년대 말 미국 로드 무비를 중심으로〉, 동국대학교 대학원 석사학위논문, 1995, 1쪽, 재구성.

7 이충직, 《'빔 벤더스', 가치의 전복자들》, 세계영화작가전집 I, 청담사, 1991, 107쪽.

8 이상우, 〈길, 인생 그리고 영화: 로드 무비에 관하여〉, 《교통》, 2014년 6월호, 74쪽.

9 https://100.daum.net/encyclopedia/view/178XX67700083

10 김영재, 〈1970년대 로드 무비(Road Movie)의 장르적 특성: Wim Wenders의 작품을 중심으로〉, 서강대학교 대학원 석사학위논문, 2002, 22~24쪽.

11 서영조, 〈'로드 무비(Road Movie)'의 인물 분석: 로드 무비의 성장 배경과 관련하여 1960년대 말 미국 로드 무비를 중심으로〉, 41~45쪽.

12 서영조, 〈'로드 무비(Road Movie)'의 인물 분석: 로드 무비의 성장 배경과 관련하여 1960년대 말 미국 로드 무비를 중심으로〉, 22쪽.

13 최영준, 〈길의 역사, 길의 사상〉, http://www.seelotus.com/gojeon/bi-munhak/reading/book/che-yong-jun.htm, 재구성.

14 서영조, 〈'로드 무비(Road Movie)'의 인물 분석: 로드 무비의 성장 배경과 관련하여 1960년대 말 미국 로드 무비를 중심으로〉, 37~38쪽.

15 〈로드 무비 연구〉, 《스크린》, 1992년 2월호.

16 네이버 시사상식사전. https://terms.naver.com/entry.nhn?docid=936228&cid=43667&categoryid=43667

17 네이버 종교학대사전. https://terms.naver.com/entry.nhn?docid=631058&cid=50766&categoryid=50794

18 네이버 두산백과. https://terms.naver.com/entry.nhn?docid=1118691&cid=40942&categoryid=33474

19 네이버 두산백과. https://terms.naver.com/entry.nhn?docid=1084243&cid=40942&categoryid=32892, 재구성.

20 네이버 지식백과. https://terms.naver.com/entry.nhn?docid=876407&cid=60621&categoryId=60621, 재구성.

21 그래엄 터너, 《대중 영화의 이해》, 한나래, 1999, 105~107쪽, 재구성

22 서영조, 〈'로드 무비(Road Movie)'의 인물 분석: 로드 무비의 성장 배경과 관련하여 1960년대 말 미국 로드 무비를 중심으로〉, 40쪽.

23 네이버 지식백과 '죽기 전에 꼭 봐야 할 영화 1001편', https://terms.naver.com/entry.nhn?docid=971851&cid=42619&categoryid=42619, 재구성.

24 https://movie.daum.net/moviedb/main?movield=10430#none

25 '영화사를 바꾼 명장면으로 영화 읽기', https://100.daum.net/encyclopedia/view/178XX67700022

26 '서부영화', https://100.daum.net/encyclopedia/view/99XX32200643, 재구성.

27 서곡숙 · 이호, 《영화의 장르, 장르의 영화》, 르몽드코리아, 2018, 14쪽.

28 수잔 헤이워드, 《영화 사전 이론과 비평》, 한나래, 2012, 105쪽.

29 이지연, 〈로드 무비의 장르적 변주 연구: 단편영화 〈미입주 하루〉를 중심으로〉, 한양대학교 대학원 석사학위논문, 2019, 11쪽, 재구성.

30 로버트 B. 토비아스, 《인간의 마음을 사로잡는 스무 가지 플롯》, 풀빛, 2007, 110~127쪽, 재구성.

31 로버트 B. 토비아스, 《인간의 마음을 사로잡는 스무 가지 플롯》, 128~139쪽.

32 로버트 B. 토비아스, 《인간의 마음을 사로잡는 스무 가지 플롯》, 140~151쪽, 재구성.

33 이지연, 〈로드 무비의 장르적 변주 연구: 단편영화 〈미입주 하루〉를 중심으로〉, 13쪽, 재구성.

34 이지연, 〈로드 무비의 장르적 변주 연구: 단편영화 〈미입주 하루〉를 중심으로〉, 14쪽, 재구성.

35 이지연, 〈로드 무비의 장르적 변주 연구: 단편영화 〈미입주 하루〉를 중심으로〉, 17쪽, 재구성.

3장 린 백 극장에서 린 포워드 OTT로

1 최윤실·남경숙, 〈시대적 흐름에 따른 극장의 공간특성 변화에 관한 연구〉, 《한국실내디자인학회 학술발표대회논문집》 제9권 제1호, 2007, 101쪽.

2 임종엽, 《극장의 역사―상상과 욕망이 시공간》, 살림출판사, 2005, 18쪽.

3 임종엽, 《극장의 역사―상상과 욕망이 시공간》, 52~53쪽, 재구성.

4 김홍일, 〈극의 변화를 통해본 극장건축에 관한 연구〉, 《대한건축학회논문집》 2권, 1986, 31쪽, 재구성.

5 김창화, 〈19세기 유럽의 극장건축과 공연공간에 관한 연구〉, 《연극교육연구》 5권, 2000, 216쪽.

6 임종엽, 〈바로크 극장의 공간구성 및 특성에 관한 기초적 연구〉, 《한국실내디자인학회 논문집》 26호, 2001, 37쪽.

7 김형준·김광현, 〈19세기 유럽 극장의 구축요소와 성격에 관한 연구〉, 《대한건축학회 논문집: 계획계》 제20권 제4호, 2004, 167쪽.

8 김형준·김광현, 〈19세기 유럽 극장의 구축요소와 성격에 관한 연구〉, 168쪽.

9 존 서머슨, 《18세기 건축》, 태림문화사, 1993, 136쪽.

10 가토 미키로우, 《영화관과 관객의 문화사》, 소명출판, 2017, 139~140쪽, 142쪽, 재구성.

11 가토 미키로우, 《영화관과 관객의 문화사》, 50쪽, 재구성.

12 가토 미키로우, 《영화관과 관객의 문화사》, 51~52쪽, 재구성.

13 가토 미키로우, 《영화관과 관객의 문화사》, 62쪽, 재구성.

14 배병환, 〈OTT(Over the Top) 서비스〉, 《인터넷&시큐리티이슈》, 5월호, 2013, 45~49쪽.

15 김동길, 〈OTT 서비스의 계층화 특성을 반영한 소비자 선호도에 관한 연구: 국내 OTT 서비스 속성의 상대적 중요도를 중심으로〉, 강릉원주대학교 일반대학원 박사학위논문, 2018, 1쪽.

16 김동길, 〈OTT 서비스의 계층화 특성을 반영한 소비자 선호도에 관한 연구: 국내 OTT 서비스 속성의 상대적 중요도를 중심으로〉, 14쪽.

17 김동길, 〈OTT 서비스의 계층화 특성을 반영한 소비자 선호도에 관한 연구: 국내 OTT 서비스 속성의 상대적 중요도를 중심으로〉, 14쪽, 재구성.

4장 영화가 말하는 디아스포라diaspora 모빌리티

1 윤인진, 《코리안 디아스포라》, 고려대학교 출판부, 2004, 4-8쪽.

2 두산백과. https://terms.naver.com/entry.nhn?docld=1086036&cid=40942&categoryld=31599. 재구성.

3 두산백과. https://terms.naver.com/entry.nhn?docld=1086036&cid=40942&categoryld=31599. 재구성.

4 라이프사이언스, 《지도로 읽는다 세계 5대 종교 역사도감》, 이다미디어, 재구성. http://mnews.kyobobook.c o.kr/board/viewBoard.ink?sntn_id=12651&order Click=Olg

5 임채완, 〈세계화 시대 '디아스포라 현상' 접근: 초국가네트워크사례를 중심으로〉, 《한국동북아논총》, 2008, 474~475쪽, 재구성.

6 Werbner, Pnina, "The Place which is diaspora: citizenship, religion and gender in the making of chaotic transnationalism," *Journal of Ethnic and Migration Studies*, Vol.28, No.1, 2002.

7 서민규, 〈한민족 디아스포라 분석연구: 조선족 사례연구〉, 숭실대학교 박사학위논문, 2013, 40쪽, 재구성.

8 황혜조, 〈불협의 정서와 이질성의 윤리: 나이폴, 루시디, 쿠레이시의 디아스포라 의식〉, 고려대학교 대학원 박사학위논문, 2010, 4쪽, 재구성.

9 전국역사교사모임, 《살아있는 세계사교과서 1》, 휴머니스트, 2005, 245쪽.

10 〈'교역 디아스포라' 꽃피운 아르메니아 商人〉, 《한국경제》, 2011년 4월 15일자.

11 차경미, 〈카리브해 연안국가 정치문화의 혼종적 양상: 여성의 정치참여를 중심으로〉, 《국제지역연구》 제9권 제2호, 2005, 238쪽.

12 Google Art & Culture https://artsandculture.google.com/entity/%EC% 95%84%EB%A5%B4% EB%A9%94%EB%8B%88%EC%95%84%EC%9D%B8-%EC%A7%91%EB%8B%A8%ED%95 %99%EC%82%B4/m011hr1?hl=ko, 재구성.

13 아르메니아인 집단학살, https://www.history.com/topics/world-war-i/armenian-genocide, 재구성.

14 박영은, 〈앙리 베르누이(Henri Verneuil)의 자전 영화를 통해 본 아르메니아 제노사이드의 상흔과 디아스포라의 양상〉, 《영화연구》 66호, 2015, 83쪽.

15 〈스탈린에게 바치는 선물〉, http://euris.kr/eurasiaDB/lang_movie/movie_detail.asp?board_idx=2

16 누르술탄 나자르바예프, 《21세기 문턱에서》, 한국경제신문사, 1997, 72쪽.; 장병옥, 《중앙아시아 국제정치의 이해》, 한국외국어대학교 출판부, 2001, 79쪽.

17 〈스탈린에게 바치는 선물〉, http://euris.kr/eurasiaDB/lang_movie/movie_detail. asp?board_idx= 2 재구성.

18 박영은, 〈앙리 베르누이(Henri Verneuil)의 자전 영화를 통해 본 아르메니아 제노사이드의 상흔과 디아스포라의 양상〉, 100쪽, 재구성.

19 박영은, 〈앙리 베르누이(Henri Verneuil)의 자전 영화를 통해 본 아르메니아 제노사이드의 상흔과 디아스포라의 양상〉, 80쪽, 재구성.

20 박영은, 〈앙리 베르누이(Henri Verneuil)의 자전 영화를 통해 본 아르메니아 제노사이드의 상흔과 디아스포라의 양상〉, 97쪽, 재구성.

21 '세네갈', 네이버 지식백과, https://terms.naver.com/entry.nhn?docld=69401&cid =43667&categ oryld=43667

22 헤로니모, https://movie.daum.net/moviedb/main?movield=135546#none 재구성.

23 '에네켄 농장', 한민족문화대백과사전, http://encykorea.aks.ac.kr/Contents/Item/E0072336, 재구성.

24 김환기, 〈4세기 걸쳐 1200만 흑인노예 처참한 삶.. 가해국은 사과·배상 거부〉, 《세계일보》, 2020년 7월 8일자. https://news.v.daum.net/v/20200708060351697

25 김환기, 〈4세기 걸쳐 1200만 흑인노예 처참한 삶.. 가해국은 사과·배상 거부〉, 재구성.

26 한국민족문화대백과사전, https://100.daum.net/encyclopedia/view/14XXE0048474

27 〈장보고의 법화원, 재당 신라인의 구심점이 되다〉, KBS, http://history.kbs.co.kr/index.html?source=history&sname=history&stype=vod&contents_id=70000000292538&vhistory_chapter_con=70000000274732&vhistory_chapter_value=I-11&vhistory_chapter_title=11.%ED%86%B5%EC%9D%BC%EC%8B%A0%EB%9D%BC%EC%99%80%20%EB%B0%9C%ED%95%B4%EC%9D%98%20%EB%B0%9C%EC%A0%84#more28

28 '마이클 콜린스', https://movie.naver.com/movie/bi/mi/basic.nhn?code=17922# story, 재구성.

29 윤혜지, 〈사랑과 분노의 역사 〈리우 2096〉〉, 《씨네21》, 2016년 8월 10일. 재구성. http://www.cine21.com/news/view/?idx=3 &mag_id=84900

그림 출처

그림 1   https://gizmodo.uol.com.br/desenho-mais-antigo-do-mundo/

그림 2   (왼쪽) http://telfedes.hu/2020/01/11/termeszetfeletti-lenyeket-festettek-az-osemberek-
a-barlang-falara/

(오른쪽) https://www.abc.net.au/news/science/2018-11-08/worlds-oldest-known-
cave-painting-of-an-animal-in-borneo/10466076

그림 3   https://www.hs.fi/paivanlehti/12122019/art-2000006340209.html

그림 4   https://www.thevintagenews.com/2020/02/02/prehistoric-cave-paintings/

그림 5   (왼쪽) http://mountvernonfrench.blogspot.com/2013/04/blog-post.html

(오른쪽) https://www.donsmaps.com/lascaux.html?iframe=true

그림 6   https://commons.wikimedia.org/wiki/File:Vase_animation.svg#/media/File:Vase_
animation.svg

그림 7   (위) https://commons.wikimedia.org/wiki/File:Vase_animation.svg#/media/File:Vase_
animation.svg

(아래) https://givemehistory.com/ancient-egyptian-sports

그림 8   http://ohosierbtec.blogspot.com/2013/09/history-of-animation.html

그림 9   https://www.thisiscolossal.com/2015/10/newly-digitized-phenakistoscopes/

그림 10   https://m.blog.naver.com/PostView.nhn?blogid=papers&logNo=220294256195&proxyR
eferer=https%2F%2Fwww.google.com%2F

그림 11   http://jasonevans342.blogspot.com/2016/09/zoetrope.html

그림 12   https://zacharyespiritu.com/ArtOfAnimation/before-film.html

그림 13   (왼쪽) https://i.ytimg.com/vi/SJ-dYNYZlzU/hqdefault.jpg

(오른쪽) https://www.pinterest.co.kr/pin/413627547025479894/

그림 14   http://gaukartifact.com/2013/03/18/the-praxinoscope/

그림 15   http://www.cocosse-journal.org/2014/10/international-animation-day-28-october.html

그림 16   (왼쪽) https://greatpicz.blogspot.com/2018/02/photo-context-history-ongoing_12.html

(오른쪽) http://cinemathequefroncaise.com/Chapter1-1/Figure_01_13_Horse.html

그림 17   (왼쪽) https://en.wikipedia.org/wiki/Kinetoscope

(오른쪽) https://medium.com/@nbashaw/content-and-its-container-121e78f5a2b6#.
pohrqr6p1

그림 18   https://www.pinterest.es/pin/38843615530998210/

그림 19   https://www.atlasobscura.com/places/tassili-najjer

그림 20   https://www.rtve.es/radio/20170518/bonnie-clyde-cia/1549380.shtml

그림 21   https://www.cinefiliaritrovata.it/easy-rider-tra-cinema-e-sessantotto/

그림 22   https://www.commonsensemedia.org/movie-reviews/thelma-and-louise

그림 23   https://steemit.com/aaa/@hodolbak/4jpkkg

그림 24   https://m.media-amazon.com/images/M/MV5BNTZlYmFkZDgtZDk3NCO0MTM5LTkO
MTgtZGUyZDk2YmM3NDcOXkEyXkFqcGdeQXVyNjUzNTkyMjU@._V1_.jpg

그림 25   http://www.tsimpkins.com/2017/07/tumbleweeds-1925-william-s-hart-in-his.html

그림 26   https://medium.com/@DavidA.Punch/stagecoach-defining-the-western-

1a330b451d19

그림 27 https://en.wikipedia.org/wiki/The_Searchers
그림 28 https://movie.daum.net/moviedb/photoviewer?id=123948#1261597
그림 29 https://www.youtube.com/watch?v=Xpyy8ElU8hg
그림 30 https://www.sbs.com.au/movies/article/2011/08/22/my-favourite-film-road
그림 31 https://www.theyoungfolks.com/film/68635/top-5-reasons-mad-max-fury-road-deserve-film-of-the-year/
그림 32 http://theworldofapu.com/minority-report-visual-effects-and-storytelling/
그림 33 https://www.shutterstock.com/ko/image-photo/theatre-dionysus-below-acropolis-athens-greece-1367706422
그림 34 https://www.ancient.eu/image/3834/roman-theatre-of-hierapolis/
그림 35 https://www.teatropertutti.it/approfondimenti/teatro-nella-storia/teatro-medioevo/
그림 36 https://politicworm.com/tag/james-burbage/
그림 37 http://shalt.dmu.ac.uk/locations/bell-inn-1576-94.html
그림 38 https://quizzclub.com/trivia/what-is-the-world-s-oldest-indoor-theatre/
그림 39 https://mapio.net/pic/p-120882237/
그림 40 https://commons.wikimedia.org/wiki/File:Bayreuth_Festspielhaus_mit_Gralstempel.jpg
그림 41 https://vrroom.buzz/vr-news/entertainment/epic-story-cineorama-vr-cinemas-ancestor
그림 42 http://sandlander.blogspot.com/2017/02/takea-trip-through-rugged-scotland-says.html
그림 43 https://www.timetoast.com/timelines/ilechider-obieze-nwadialo
그림 44 https://centuryfilmproject.org/tag/progressive-era/
그림 45 https://newyorkerstateofmind.com/tag/roxy-theatre/
그림 46 https://www.soundandvision.com/content/flashback-1933-first-drive-theater-opens
그림 47 https://jmagazine.joins.com/economist/view/325892
그림 48 http://www.dt.co.kr/contents.html?article_no=2018011 802101131037001
그림 49 http://mnews.kyobobook.co.kr/board/viewBoard.ink?sntn_id=12651&orderClick=Olg
그림 50 https://movie.naver.com/movie/bi/mi/photoView.nhn?code=14263
그림 51 https://westernarmeniatv.com/wp-content/uploads/2015/04/Movie_Mayrig.jpg
그림 52 https://www.filmaffinity.com/en/film742585.html
그림 53 https://movie.naver.com/movie/bi/mi/photoView.nhn?code=50708
그림 54 https://www.cinematerial.com/movies/la-noire-de-i60758/p/kwdymzuh
그림 55 https://www.trigon-film.org/en/movies/La_noire
그림 56 https://movie.daum.net/moviedb/photoviewer?id=135546#1338578
그림 57 https://www.koreaexpose.com/koreans-cuba-jeronimo-lim/
그림 58 http://program.kbs.co.kr/1tv/culture/oceanempire/pc/index.html
그림 59 https://news.v.daum.net/v/20200708060351697
그림 60 http://vod.kbs.co.kr/index.html?source=epiode&sname=vod&stype=vod&program_code=T2014-0960&program_id=PS-2015001462-01-000&section_code=05&broadcast_complete_yn=Y&local_station_code=00
그림 61 http://history.kbs.co.kr/index.html?source=history&sname=history&stype=vod&conten

ts_id=70000000292538&vhistory_chapter_con=7000000027 4732&vhistory_chapter_
value=ㅏ11#refresh

그림 62   http://www.redian.org/archive/41261

그림 63   (위) http://www.coveringmedia.com/movie/2011/01/even-the-rain.html
           (아래) https://itpworld.wordpress.com/2012/08/18/tambien-la-lluvia-even-the-rain-
           spain-france-mexico-2010/

그림 64   http://www.cine21.com/movie/info/?movie_id=11

그림 65   https://movie.naver.com/movie/bi/mi/photoView.nhn?code=17922

그림 66   https://movie.daum.net/moviedb/photoviewer?id=69539#797839

그림 67   https://www.youtube.com/watch?v=YvNlAZ3xqwl

그림 68   https://movie.daum.net/moviedb/photoviewer?id=79574#1112548

그림 69   https://movie.daum.net/moviedb/photoviewer?id=79574#877687

모빌리티와 영화

2020년 11월 30일 초판 1쇄 발행

지은이 | 김희경
펴낸이 | 노경인 · 김주영

펴낸곳 | 도서출판 앨피
출판등록 | 2004년 11월 23일 제2011-000087호.
주소 | 우)07275 서울시 영등포구 영등포로 5길 19(양평동 2가, 동아프라임밸리) 1202-1호
전화 | 02-336-2776   팩스 | 0505-115-0525
블로그 | bolg.naver.com/lpbook12
전자우편 | lpbook12@naver.com

ISBN 979-11-90901-08-6   94300